Das Gymnasium

und

die höhere Bürgerschule.

Andeutungen

von

C. G. Scheibert,
Oberlehrer am Gymnasium zu Stettin.

Heft 2.

Wie können die Gymnasien und höhern Bürgerschulen
wieder mehr erziehend werden?

Berlin,
gedruckt und verlegt bei G. Reimer.
1836.

Vorrede.

Der Kampf um das Schriftchen des Herrn Medizinalraths Dr. Lorinser ist sehr lebhaft geworden. Niemand weiß, auf wessen Seite sich der Sieg neigen wird. So viel aber ist gewiß, daß durch jene Schrift sehr viel Gutes gestiftet ist. Man hat alle Winkel der Schulen durchforscht, noch Vielerlei geprüft, fand manchen alten Schutt und jungen Kehricht hier und dort vor, that ihn hinweg und erfüllte so den Wunsch aller derer, welche wohl Uebel sehen, aber sie nicht auszusprechen wagen dürfen. Diese Prüfung allein wollen auch diese Blätter nur veranlassen, und wenn sie es hier und dort erreichen sollten, dann haben sie ihren Zweck ganz vollkommen erfüllt. Mag man dann immerhin sagen: es wird darin zu viel behauptet, es ist im Eifer zu weit gegangen, es ist mit zu scharfer Brille gesehen und nur das Einzelne und einzelne Erscheinungen aufgefaßt; mag man immerhin sagen: man habe das Alles vorher auch schon gewußt und gedacht, man könne ein menschliches Institut, was von Menschen gehandhabt wird, nicht bis zur idealen Vollendung bringen; mag man höhnend oder erbittert dem Verfasser zurufen: du malst mit schwarzen Farben einen Teufel an die Wand, den nur du siehst, deine Bekanntschaft mit unsern Primanern muß eben nicht weit reichen und erweckt für dich selber ein ungünstiges Vorurtheil, daß du auf so viele Unsittliche und Unwissenschaftliche stießest; es soll das Alles gern hingenommen und mit Freuden ertragen werden, wenn nur jener Zweck erreicht wird. Ob hier Richtiges, oder Unrichtiges gesagt, ob der Ausnahmen mehr sind, als hier angenommen zu sein scheint, ob sogar der hier gedachten Erscheinungen so wenige sind, daß sie gar keine Beachtung verdienen, ob eine vollkommene Widerlegung gelingt, das Alles ist etwas Gleichgültiges, wenn nur der alleinige Zweck dieser Blätter erreicht wird, einen prüfenden Blick in das innerste Leben dieser höhern Lehranstalten zu veranlassen. Man wird dann viele Dinge gewahren, die der Verf. nicht sah, Uebel finden, die ihm verborgen blieben; man wird Schwächen und Mängel entdecken, an die hier gar nicht gedacht ist. Daher es auch dem Verf. durchaus recht ist, wenn man ihm sagen wird, er habe ganz falsch gesehen, er habe das Uebel in ganz falschen Ursachen gesucht, er habe gegen ganz unwesentliche Dinge geeifert; wird nur eine gründliche Prüfung veranlaßt, eine Prüfung der Sache nach, dann ist der letzte Zweck dieser Blätter erfüllt, denn jede Selbstprüfung ist heilsam für den, der sie mit redlichem Herzen anstellt. Anmaßend wäre es, wenn der Verf. nur im entferntesten daran denken wollte, als könnte seine Schrift so viel Gegner, oder auch Vertheidiger, wie die des Herrn Dr. Lorinser, finden. Darnach ist seine Stellung, seine Bedeutung nicht, auch fehlt ihm dazu der umsichtige Blick, der nur im erweiterten Wirkungskreise gewonnen werden kann. Auch fühlt der Verf. sehr wohl, daß ihm die nöthige Ruhe, selbst die Gemessenheit in der Darstellung abgehe, um für seine Klagen ein williges Ohr zu finden; er wünscht daher nur, daß man den Gedanken, seiner Hülle entkleidet, auffassen und ihn beherzigen möge; ihm war es nicht möglich, trotz aller angewandten Mühe noch ruhiger zu schreiben, das Herz spielte ihm zu sehr mit hinein; der Klugheit aber seine Empfindung aufzuopfern, das war ihm nicht möglich, denn, wo sein Schatz ist, da muß auch sein Herz sein. Man sehe, das ist die Schlußbitte, das Positive dieser Schrift, den dritten Abschnitt, als den eigentlichen Kern an, und wenn das geschieht, dann darf der Verf. hoffen, daß man ihm redliche Absichten nicht absprechen und die Liebe für eine große Sache nicht wegdemonstriren, ja daß man sich mit ihm, seinem Eifer, seiner Tadelsucht, seinen Vorwürfen aussöhnen und sie ihm zu Gute halten wird. Sollten auch diese gethanen Vorschläge zur Verbesserung — man behalte aber immer die Gesammtheit derselben im Auge und die Bedingungen, unter denen ihre Verwirklichung möglich gedacht ist, übersehe man nicht — nicht ausreichen, so bedenke man doch auch, daß es nur erst Andeutungen sind, und lasse nur dem Verf. die Gerechtigkeit widerfahren, daß er ein Gutes gewollt habe.

Ob von diesem angefangenen Werke noch mehr Hefte erscheinen werden, das wird von der Aufnahme im Publicum abhangen und vornehmlich davon, ob die gemachten Vorschläge zu einer pädagogisch-methodischen Zeitschrift für Gymnasien und höhere Bürgerschulen einen Anklang finden dürften. Des Stoffes ist hier unendlich viel, an Arbeitern wird es dann, wenn nur erst der hier ausgesprochene Gedanke sich Bahn gebrochen, auch fernerhin nicht mehr fehlen. Daß hier nur, gegen den Haupttitel, vornehmlich von Gymnasien die Rede, wird nicht weiter auffallen, da einerseits die höhern Bürgerschulen noch nicht einen ausgeprägten Typus haben, andrerseits aber auch die Erziehung in diesen wesentlich dieselbe ist, wie in den Gymnasien. Der Name Gymnasium würde ohnehin auf beide passen, wenn man nür immer hinzudächte für Gelehrte und für Bürger.

Einleitung.

Das Ziel aller Erziehung ist freier Gehorsam als die Einheit des Wollens und Sollens. Hierin liegt die Bedingniß, daß keine Erziehung möglich ist ohne Uebung der Erkenntnißkraft, aber auch keine möglich ohne die Unterordnung des Willens unter das als Recht Erkannte. Somit ist jeder Unterricht eine Seite der Erziehung, und zwar eine ganz wesentliche. Aber nicht muß man hieraus folgern wollen, daß jedes Unterrichten schon als solches ein Erziehen sei, denn sobald dieser Unterricht nur an einer Kraft des Menschen bildet, etwa blos an der Verstandeskraft, so ziehet derselbe nur an einer Seite des Menschen, und er wird verzogen und schief. Es muß in dem Unterrichte, welcher als ein erziehender sich geltend machen will, der ganze Mensch erfaßt werden. Dazu kommt nun noch, daß in der Erziehung noch eine Gewöhnung liegt, welches die zweite eben so wesentliche Seite derselben ist. Nur beides zu=

sammen wirkt erziehend, weder allein der Unterricht, noch allein das Gewöhnen. Aber auch dann nicht einmal, wenn beides irgendwo zu gleicher Zeit vorhanden ist, kann man von Erziehung reden, wenn nicht die Erkenntniß dahin wirkt, daß auch das höhere Ziel des Menschen erkannt wird, und wenn die Gewöhnung nicht so bewerkstelligt wird, daß sie zur Einheit des Gesollten und Gewollten führt, d. h. wenn sie nicht zu einem freien, christlichen Gehorsam führt. Fragt man nun hienach, in wie weit öffentliche Anstalten erziehend wirken, so unterscheidet man heut zu Tage fast schon ziemlich genau Lehranstalten und Erziehungsanstalten. Obgleich nun diese Unterscheidung ziemlich deutlich ausspricht, daß man zum Erziehen noch mehr als ein bloßes Lehren verlange, so haben doch die Gymnasien, die meist als Lehranstalten bezeichnet werden, auch immer noch auf den Namen einer Erziehungsanstalt Anspruch gemacht und brauchen jenen Namen nur darum von sich, um zu bezeichnen, welche Seite der Erziehung sie vorzüglich im Auge hätten. Sie sollten und müßten Erziehungsanstalten sein, denn ihnen wird eine große Anzahl von Knaben anvertraut, welche sonst ganz unerzogen blieben. Auf den meisten Gymnasien sind ja der auswärtigen Schüler viel mehre, als der einheimischen, und unter diesen auswärtigen haben die meisten weiter keine Aufsicht, als durch den Wirth, der von ihnen Stubenmiethe zieht und dafür die Entschuldigungszettel schreibt. Sollen diese alle ohne Erziehung aufwachsen; oder soll, was aus ihnen werden möchte, dem Zufalle überlassen bleiben? Man antwortet unbedingt mit Nein. Damit hat man denn aber auch für diese höhern Lehranstalten, welche fremde Schüler aufnehmen und aufnehmen müssen, als da sind Gymnasien und höhere Bürgerschulen, die Verpflichtung ausgesprochen, daß sie erziehend wirken müssen in Betreff derjenigen Schüler, welche nicht ihre Eltern an dem Orte des Gymnasiums haben. Die Veranstaltung selbst, daß jeder Schüler einen verantwortlichen Aufseher nachweisen muß, kann die Gymnasien dieser Verpflichtung nicht überheben, da jeder Lehrer nur zu gut weiß, was ein solcher Aufseher für eine Bedeutung hat. Selbst manche so genannte Pensionen haben gar keinen erziehenden Einfluß, und der Pensionar gilt blos für einen solchen, welcher seine Wohnung und seinen Tisch gut bezahlt und dadurch einträglich wird. Sollte aber nun die Schule dafür die Eltern sorgen lassen? Darauf kann man allerdings mit Ja antworten; aber dann vergißt man, daß viele Eltern dafür nicht sorgen können, aber sich doch gedrungen fühlen, ihren Kindern eine höhere Ausbildung geben zu lassen. Doch bedarf es hier nicht vieler Beweise, denn Niemand zweifelt daran, daß für nicht-einheimische Schüler die Gymnasien Erziehungsanstalten sein müssen, und man hält sich als Lehrer solcher Anstalten gar zu gern für berechtigt, diesen Namen der Anstalt beizulegen. Wohl verdient es daher einmal einer ganz ernstlichen Untersuchung, ob denn wirklich diese höhern Lehranstalten auch erziehend wirken. Sollte nun die Beantwortung ein Nein sein, so können dann auch die Vorschläge zur Herbeiführung eines solchen besseren Zustandes nicht eher gegeben werden, als bis man den Ursachen nachgespürt hat, warum diese Lehranstalten nicht mehr erziehen. Ohne Einfluß kann unmöglich das Lehren, das Zusammenlernen, das Verkehren mit den Schülern in der Schule sein, zumal die Schule ja die ganze Zeit und Kraft des Schülers in Anspruch nimmt. Dieser Einfluß muß entweder erziehen, oder verziehen, oder die Schule ist von ganz unwesentlicher Bedeutung für die höhere Aufgabe des Menschengeschlechts.

Erster Abschnitt.

Sind die Gymnasien Erziehungsanstalten?

Wie hart und absprechend es auch klingen möge, unsre Gymnasien sind keine Erziehungsinstitute. Das liegt schon in dem einfachen Umstande, daß die Eltern einer Schule keine erziehende Kraft zugestehen, ihr daher auch keinen Einfluß der Art auf ihre Kinder gestatten. Manche treten durch ihre Handlungen der Schule direct entgegen, und eine eigentliche Mitwirkung bei der Erziehung wird der Schule nicht eingeräumt. Die meisten Eltern machen bei den Vergehungen ihrer Kinder die Hehler vor der Schule, und wenn jemals ein Vater den Lehrern einen Fehltritt seines Kindes verräth, so ist es immer nur ein solcher, den die Schule auch sonst wohl merken muß, oder gar schon gemerkt hat. Bei einem solchen scheinbar zutraulichen Geständnisse eines Vaters umgeht derselbe doch geflissentlich alle Fehler des Sohnes, die diesen leicht in noch schlechterem Lichte darstellen könnten, als er ohnehin schon dasteht. So wird die Schule denn auch nie auf den rechten Punkt zum Mitwirken hingestellt. Die Lehrer müssen fehl gehen, da sie geflissentlich im Irrthume erhalten werden, und Verkehrtheiten im Loben und Tadeln und somit Verziehungen werden daraus entstehen müssen Freilich wohl rufen die Eltern bisweilen die Hülfe der Schule an, aber immer nur bei den von der Schule gerügten und in ihrem Bereiche begangenen Vergehungen. Dieser Hülferuf ist dann ohnehin oft nichts mehr als eine Art von Compliment für die Schule oder eine Art von abgedrungener Artigkeit, indem die Eltern allerlei schlimme Folgen für ihr Kind fürchten, als da sind Nichtversetzung, schlechtes Zeugniß, oder gar eine öffentliche Schulstrafe. Natürlich ist hienach auch die Frucht dieses scheinbar schönen Zusammenwirkens. Ein Knabe bringt doch sein ganzes Dasein in die Schule, und sein Zustand, sein Verhalten in ihr kann nur erklärt, beurtheilt, geregelt, gelenkt werden nach seinem ganzen Dasein, sowohl innerhalb, als außerhalb des väterlichen Hauses. Man kann doch keine Untugend ausrotten, ohne den ganzen Boden, worin sie gewurzelt, aufzuwühlen. Es gelingt allerdings bisweilen, einer falschen Richtung eines Knaben plötzlich Einhalt zu thun, Auswüchse an ihm wegzuschneiden, ihn aus einem Schlafe zu wecken und aus der Faulheit aufzurütteln; aber erzogen ist er darum noch keinesweges. Auch gelingt es nur in seltnen Fällen, darum, weil man der Schule die Werkstatt des Uebels geheim hält, und so die Wurzel zurückbleibt; es gelingt meist nur dann, wenn ein glücklicher Umstand den Grund des Uebels aufhebt. Meist sind diese Früchte nur vergoldete Aepfel, die unter der blanken Schaale Fäulniß bergen. Man kann in einem Menschen nicht eine Sünde aufheben, ohne ihn ganz und gar in eine andre Richtung hineinzuziehen, und auch die Gottheit vergiebt dem Menschen nicht die einzelnen Sünden, sondern versöhnt ihn mit sich. Wie wenig aber die Eltern den Schulen eine fruchtbare Mitwirkung zugestehen, das können diese am leichtesten erfahren, wenn sie allerhand Wünsche aussprechen für die Behandlung des Kindes im elterlichen Hause. Die Eltern thun es nicht, halten die Schule für zu strenge, oder versichern eine Unausführbarkeit der Maaßregeln, oder gestehen naiv eine Unfähigkeit im Durchführen derselben ein, und was dergleichen Ausweichungen mehr sind. Doch nicht allein diese Getrenntheit der Schule und des elterlichen Hauses ist ein Hemmungsmittel der Erziehung für die Schule, sondern der wahre Tod dieses Einflusses liegt in den Eltern, welche sich als Wächter für ihr Kind gegen die Eingriffe der Schule hinstellen und die Lehrer verklagen, wenn sie glauben oder sich einbilden, die Lehrer seien in ihrer Strafberechtigung zu weit gegangen. Aber soll man denn den Lehrern freie Willkühr lassen? Sollen sie mit den Kindern schalten und walten können nach Lust und Laune? Sollen die Lehrer keine höhere Autorität anerkennen? Soll man gegen ihre Mißgriffe keinen Schutz haben? Man denke einmal alle diese Fragen von einer Mutter an den Vater gethan: drükken sie nicht den Zweifel gegen die wahre Erziehungsfähigkeit aus? Die gesetzliche Bejahung aller dieser Zweifel hat der Schule auch gesetzlich die erziehende Kraft abgesprochen. Es wird ja darin vorausgesetzt, daß die Schulen willkührliche Forderungen machen, die Individualität des Kindes vernichten, daß sie unmoralisch sein könnten; es liegt in dieser Bejahung der bestimmte Gedanke, daß die Schule in ihren Forderungen fehlgreifen kann und somit einen Widerspruch, anstatt eine Einheit zwischen Wollen und Sollen, hervorruft. Wohl mag ein Verklagen selten vorkommen; aber der Gedanke an die Möglichkeit von Seiten der Knaben hebt von selbst allen erziehenden Einfluß auf. Oder sollte dem Vater, dem strengsten und besten, noch ein erziehender Einfluß bleiben, wenn die Mutter dem Sohne von der Härte des Vaters ein Bewußtsein giebt und sich ihm als Schutz dagegen bekundet? Eine Erziehung kann es nur in dem Vertrauen zu dem Erziehenden geben, welches eine nothwendige Einheit des Sollens und Wollens voraussetzt. Wenn dieses Vertrauen im Zöglinge fehlt, so ist das Befolgen nur ein gezwungenes, mit Widerstreben geleistetes, woran dann eben das freie Wollen keinen Theil hat. Die Forderung hat dann nicht eine sittlich bewegende und nöthigende Kraft, sondern sie kann sich nur durch eine äußere Nothwendigkeit Geltung verschaffen, und diese erzwingt dann nur ein Gehorchen mit einer Art von Resignation, welche auf künftige und bessere Zeiten hofft, in denen das Uebertreten erlaubt sein werde.

Doch es giebt auch noch andere Erscheinungen, welche beweisen möchten, daß die Gymnasien keine Erziehungsinstitute sind, und vornehmlich solche, welche in der eigenthümlichen Denkweise der Lehrer ihren Grund haben. Die pädagogische Literatur auf diesem Felde ist gar nicht groß, und in den Händen mancher Lehrer findet sich davon gar nichts, während doch jeder einzelne die Hand an das Erziehungsgeschäft legen soll. Man hält also entweder diese Aufgabe der Schule für so leicht, oder man hat gar kein Interesse daran, oder man hält sie für ganz unmöglich und unlösbar, sonst würde das schreibselige Zeitalter längst eine Zeitschrift für die erziehende Seite der Gymnasien aufgestell haben. Doch was der Grund nun auch sein möge, so viel ist mindestens gewiß, daß man hier nach keiner Einheit strebt und keine Einheit sucht, wo sie gerade die erste Bedingung des Gelingens ist. Wenn sich die Ansichten der Erziehenden über den Zweck und die Mittel durchkreuzen, wenn jeder ein Andres erzielt, ein Andres fordert, und dann folglich jeder mit dem Thun und Treiben des Andern unzufrieden ist, so hebt ja nothwendig der eine Lehrer den Einfluß des andern auf, und ein innerer Zwiespalt, der eben vermieden werden muß, wird dem Schüler anerzogen. Können sich die Lehrer nicht darüber einigen in dem, was in der Schule vom Schüler gefordert werden soll; können sich die Lehrer nicht über die Mittel verständigen, durch welche die sittliche Gewöhnung bewerkstelligt werden muß; können nicht alle Lehrer dieselben Erziehungsmotive als die rechten anerkennen; können sie sich nicht hierin einer dem andern nachgeben und ihre individuellen Ansichten — wie es Vater und Mutter bei verschiedenen Ansichten thun — sich gegenseitig zum Opfer bringen: so können auch die Schulen nicht Erziehungsinstitute sein. Aber wo soll diese Einigung geschehen? Etwa auf Conferenzen? Wäre es möglich, dann wäre die Aufgabe leichter, als sie ist. Eine Angelegenheit, wie die Erziehung einer Schule, läßt sich nicht durch einige Besprechungen abmachen, und um so weniger, je mehr jeder seinen eignen Weg zu gehen und ihn für den rechten zu halten gewohnt ist. Die Erziehungsseite der Gymnasien durch einige Debatten festzustellen, ist um so weniger möglich, je mehr bei diesem Geschäfte die Persönlichkeit des Erziehers zur Sprache kommt. Jede Berichtigung eines Verfahrens in der Erziehung ist eine Correctur der Persönlichkeit, thut wehe und beleidigt und ruft einen Gegensatz hervor, der doch eigentlich ausgetilgt werden soll. Jede Widerlegung eines Erziehungsgrundsatzes ist für den, der es hiemit redlich meinte, ein Angriff auf die Individualität, wird darum übel aufgenommen, mit Härte zurückgewiesen, und das um so mehr, je näher sich die Streitenden im Leben stehen. Oder meint man, daß eigentlich der Director der Anstalt das Vermittelnde aller verschiedenen Richtungen im Lehrer-Collegio sein könne, so ist das nicht wahr, oder nur dann wahr, wenn seine Lehrer Nullen sind, denen er erst als geltende

Zahl voranstehen muß, wenn sie Bedeutung und Einfluß aufs Resultat haben sollen. Heil ist nur zu erwarten, wenn erst alle Lehrer darüber einig sind, in wie fern die Schulen Erziehungsanstalten werden können; doch wie die Sachen jetzt stehen, wo das Interesse an dieser Frage gar nicht einmal vorhanden zu sein scheint, wird sich das schwerlich mit einigen Debatten bewerkstelligen lassen.

Doch die Schulen scheinen in neuern Zeiten diesen erziehenden Einfluß ganz aufgegeben zu haben, dies beweisen die auf den Schulen zum Theil vorhandenen Schulgesetze und die ganze Richtung der Schulen nach einer Art von gesetzlich geordnetem und geregeltem Leben. Wenn ein Vater erst ein Hausgesetzbuch für seine Kinder schreibt und schreiben muß, dann ist es wohl mit seiner Erziehung nicht weit her, und wird es ihm oft so ergehen wie dem Herrn, der seinem vergeßlichen Bedienten die Tagesarbeiten aufgeschrieben, aber nicht auf einen Fall in den Schmutz gerechnet und an eine dabei nöthige Hülfe gedacht hatte. Wenn man den Schülern Gesetzbücher in die Hand giebt, so ist von Erziehung wohl nicht mehr die Rede. Durch diese Gesetze wird der Schüler emancipirt, er wird der Schule als ein Du gegenübergestellt, dessen Verhältniß zu dem Ich der Schule als ein rechtliches, ja staatliches anerkannt wird. In diesen Gesetzen spricht sich die Schwäche der Schule aus, denn je schwächer die innere waltende Kraft ist, desto mehr Gesetze werden nöthig. Sie heben den Zögling heraus aus dem Herzen der Schule und aus ihrer Wärme, geben ihm eine große und schädliche Gewichtigkeit, eine Art von Staatsbürgerlichkeit, und je mehr dieser Gesetze, und je strenger sie werden, eine um so größere Gewichtigkeit gewinnt der Schüler in seinen eignen Augen; denn er lernt sich hier fühlen und erkennen als eine starke Kraft, welche überwunden werden muß, gegen die man Wälle und Dämme aufwerfen muß, und dies Gefühl erhöht sein Widerstreben. Nur den gefürchteten Strom deicht man ein, und je enger er eingedämmt ist, desto mehr drängt er gegen die Deiche. Es fehlte nur noch, daß die Schüler auch die schützenden Maaßregeln erführen, um endlich jeden Einfluß auf deren Gemüth vernichtet zu sehen. Kann nun jedes Gesetz als solches nur ein Aeußerliches aussprechen, kann nur dadurch fein säuberliche Zucht erzielt werden, so wird durch dasselbe nothwendig jeder tiefer greifende und sittliche Einfluß der Schule untergraben. Was im Gesetzbuche steht, ist für den Schüler verpflichtend, die Uebertretungen werden mit der angedrohten Strafe belegt; aber wo läßt sich diese anders als bei Aeußerlichkeiten nachweisen? Kann man auch einem Schüler beweisen, er sei nicht fromm und habe keine Achtung vor dem Lehrer und keine Liebe zu ihm, er habe keinen wahren Eifer für die Studien und sei innerlich widerstrebend bei äußerm Gehorsam? Das kann man nicht, und weil man es nicht kann, so schützt sich der Schüler hinter seinem Gesetzbuche, erfüllt die vorgeschriebenen Formen, die ihn nothwendig vor Bestrafung sichern — es ist ihm ja gedruckt zugesichert — und so ist er denn nicht mehr von der Schule zu erziehen Wir wissen es sehr wohl, daß ein Kind nicht solche Schlüsse mit dem Verstande macht; aber es macht dergleichen in Concreto, es lebt der Schule diese Schlüsse vor und spricht durch sein ganzes Verhalten und Sein dieselben aus. Könnten Gesetze erziehen, dann wären die Stadtgerichte die besten Erziehungsinstitute, und das Landrecht eine Pädagogik, und doch glaubt dies Keiner so recht. Doch das Uebelste ist, daß das Gesetz mit seiner Strafe direct aller und jeder Erziehung entgegenwirkt. Ein freier Gehorsam, ein Gewöhnen mit Freiheit ist nur in der Liebe möglich, die eben das Gesollte aus einem innern unwiderstehlichen Triebe als ein Gewolltes anerkennt. Diese Liebe wird durch das Gesetz aufgehoben. Straft man darum, weil ein Gesetz übertreten, so rechtfertigt man blos das Gesetz, und das Kind erscheint dabei als ein Object, an dem diese Rechtfertigung in Erfüllung geht; bei jeder Strafe, bei welcher man das Kind darauf hinweist, daß es ein Gesetz übertreten, löscht man die Liebe zum Kinde aus; in ihr spricht sich nur Liebe zum Gesetze und nichts weiter aus, und das Kind fühlt sich dabei wie ein todtes Ding, auf welches die Form des Gesetzes gepaßt wird. So wird denn natülich die Liebe des Kindes zum Lehrer erstickt, denn der Lehrer ist nicht Erzieher, sondern Handhaber des Gesetzes; die Strafe thut wehe, aber bessert nicht, sondern macht nur beim Uebertreten vorsichtiger. Eine Strafe um des Gesetzes willen — und wenn das Kind davon auch nur die leiseste Ahnung hat — zieht eine Mauer zwischen

Lehrer und Schüler, welche mit jeder Bestrafung höher und so immer unübersteiglicher wird, so daß der Schüler endlich dahinter ganz sicher und geschützt sitzt. Allerdings ist es leicht für den Lehrer, die Strafen zu dictiren und auch als nothwendig und unvermeidlich dem Schüler darzustellen und so ein augenblickliches Ergeben desselben zu erzwingen; es entgeht der Lehrer dem Vorwurfe der Launenhaftigkeit und Willkühr und ist der Mühe überhoben, die Kinder von der Unerlaßlichkeit seiner Forderungen zu überzeugen; aber darum eben giebt er seinen erziehenden Einfluß auf. Doch es bedarf hier des vielen Redens nicht. Ein legaler Schüler ist immer der schlechteste, und wird ein Schüler im Zeugnisse legal genannt, so soll damit ein harter Tadel ausgesprochen werden. Wie viele Schüler müßten aber eigentlich als legale bezeichnet werden, wenn nicht der Gebrauch dieses Wortes schon einen sehr harten Vorwurf in dasselbe hineingelegt hätte. Man wird hier indessen zur Vertheidigung der Schulgesetze erwiedern, daß es doch auch mit zur Erziehung gehöre, daß man den Schüler an eine Unterordnung und Beugung unter das Gesetz gewöhne, und möchte man wohl diese Nothwendigkeit aus dem heutigen Zustande leicht darzuthun vermeinen. Das soll hier und kann hier auch nicht widerlegt werden, indem dies ja oben schon als ein Theil der Erziehung eingeräumt ist, nur bewirken dies die Schulgesetze nicht. Diejenigen Gesetze nämlich, deren strenge Erfüllung die Schule erzwingen kann, betreffen Aeußerlichkeiten, Formalitäten, und in dem strengen Halten auf dergleichen Dinge macht sich die Schule lächerlich und verächtlich. Ein Gleichgültiges und Unwesentliches müßte nun und nimmermehr zu einem Gesetz erhoben werden, denn dadurch wird ja eben die Heiligkeit des Gesetzes recht innerlich vernichtet, und der Begriff des Gesetzes mit dem Begriffe einer willkührlichen Satzung verschmolzen und gleich gemacht. Die meisten und wesentlichsten Gesetze kann aber die Schule gar nicht executiren, denn sie kann dem Schüler nicht in alle Winkel folgen. Sie darf, muß nicht mit dem Gesetzbuche und Straf-Codex in der Hand dem Schüler in seine Winkel folgen, denn je weiter sie ihm nachgeht, desto tiefer verbirgt jener sich, und das sonst von ihm offen Gethane, was er für keine Sünde hält, weil es doch an und für sich nichts Sündliches ist, das wird nun von der Schule zu einem Vergehen gestempelt und mit Strafe bedroht. Der Frevel birgt sich tiefer, sucht dunklere Schlupfwinkel auf, findet endlich die vom Schmutze verfinsterten Winkel, wo hinein und wo hindurch das Auge und Licht der Schule nicht mehr dringen kann, und schmutzig und niedrig und verworfen ist ein Schüler geworden, der es ohne dies Verfolgen der Schule nicht geworden. Ach wüßten, ahnten die strengen Zuchtmeister, die Auflaurer, Beobachter, Controlleure, diese Verfolger der Schüler, welche sich das Lob für ihre Wachsamkeit und eine Auszeichnung für ihren Eifer und oft Belohnung für ihre Thätigkeit verdienen, wüßten diese Gesetz-Pädagogen, welchen Unsegen, welches Unheil, welche Verbrechen sie hervorrufen, welche Sünden sie auf sich lüden dadurch, daß sie den Schüler sich vor der Schule zu verbergen zwingen: sie würden Belobigung und Lohn von sich weisen und lieber den Vorwurf der Schlaffheit, der Gleichgültigkeit und Unthätigkeit auf sich nehmen; denn wenn sie hiemit auch nichts nützen, so schaden sie mindestens damit nicht, wie jene gottlose Gesetzes-Pädagogik schadet. Je strenger hier die Schule, je tüchtiger ihre Pädagogen, je wachsamer ihre Lehrer, desto gräßlicher ist der Erfolg. Doch diese Seufzer wird man überhören in dem Eifer, der das Bewußtsein einer Pflichterfüllung für sich hat, und daher möge hier noch eine andere Warnungstafel stehen. Manche der wesentlichsten Schulgesetze, z. B. das Nichtbesuchen von Restaurationen, Billards, Nichtspielen mit Karten, Nachtschwärmen u. s. w., treten der heutigen Sitte und der väterlichen Zucht entgegen. Unter Umständen erlaubt dies ein Vater; die Schule kann es nie erlauben und muß zum übertretenen Gesetze schweigen. Diese geduldete und durch väterliche Gewalt sanctionirte Uebertretung ist denn natürlich zum Verletzen des Gesetzes für diejenigen, denen die elterliche Autorität nicht den Freibrief giebt, das größte Reizmittel. Würde es nun nicht hart und ungerecht sein, wenn die Schule nicht auch einmal bei fremden Schülern ein Auge zudrücken wollte bei Dingen, welche die einheimischen unter den Augen der Eltern ungestraft thun dürfen? Verachtung des Gesetzes ist die Folge dieser Gesetzgebung, und wer es nicht glauben will, der schaffe sich nur erst Vertrauen bei seinen Schülern, und er wird dieser Wahrheit auf eine erschreckende Weise inne werden. Von ferne betrachtet, sieht das Ganze zuletzt schön geordnet und gesetzlich geregelt und wohl organisirt aus; es wurde erzwungen, daß Niemand äußerlich das Gebot verletzt, und daß nie eine Uebertretung nachgewiesen werden kann; aber die Verachtung des Gesetzes ist darum um so tiefer gedrungen, und der damit verbundene Schaden ist um so tiefer gewurzelt, je weniger zuletzt alle Nachforschungen gefruchtet haben, den Uebertretungen auf die Spur zu kommen. Hat denn die Welt der gefürchteten und fürchterlichen Geheimheiten noch nicht genug, daß auch noch die Schule helfen, dieselben der Jugend anerziehen, ihr Thun in geheime Gemächer verschließen lehren und so Vergehungen zu Verbrechen umstempeln muß? Will man die Schüler zum Beugen unter ein Gesetz erziehen, dann muß man das Gesetz nicht dem Verstande hingeben und ein schmerzendes Gebiß anlegen, sondern man muß sie nach und nach daran gewöhnen, nach und nach dem Gebisse mehr Schärfe geben und so endlich die Kraft des Zügels verstärken. Der Schüler muß sich das Gesetz anleben; aber dazu muß er immer aufrecht und nicht gebückt stehen, um eben in ihm stark zu werden. Nicht durch das Gesetz, sondern zum Gehorsam gegen dasselbe muß erzogen werden.

Die von den Gymnasien gebrauchten oder angewandten Erziehungsmittel beweisen ferner zu deutlich, daß es in ihnen keine Erziehung geben kann. Diese sind entweder ganz fruchtlose, oder gar schädliche Dinge. Die Schulen setzen ihre Erziehungsberechtigung meist in den ihnen angewiesenen Kreis von Strafen und ihre erziehende Kraft suchen sie in dem Maaße der Strafgerechtigkeit. Wer am tüchtigsten, consequentesten, unerbittlichsten und strengsten straft, ohne Härte damit zu verbinden, der gilt und hält sich für einen tüchtigen Erzieher. Zu diesen unschädlichen Erziehungsmitteln kann man die körperliche Strafe rechnen; aber als ein Erziehungsmittel, d. h. ein Etwas, welches den Menschen zu einem freien Gehorchen erzieht, kann sie nicht gelten. In gewissen Fällen kann die körperliche Strafe nützlich, bisweilen unumgänglich nothwendig sein; aber ein Erziehungsmittel ist sie darum nicht. Sie kann Ausbrüche von Krankheiten wie ein Aderlaß hemmen, ohne darum, eben so, wie auch dieser nicht, an und für sich eine Lebens- und Thatfrische zu geben; sie kann keinen freien Willen hervorrufen, nur ein Gewöhnen erzwingen; sie kann nichts aus dem Wege räumen, weil sie eben keine innere Kraft verleiht, sondern sie kann nur momentan hemmend für das aufschießende Unkraut eintreten; sie kann das Vergehen nicht besser machen und alle die Uebel nicht heilen, welche ihren Quell in dem Geiste und der Gesinnung des Knaben haben; den Vergehungen nur, welche aus körperlicher Lust oder Unlust des Knaben hervorgingen, kann sie für die Zukunft vielleicht dadurch entgegenwirken, daß sie eine überwiegende Unlust als Folge jener Lust, nämlich den Schmerz, hervorruft. Man hat sie oft für schädlich ausgeschrieen, und der Zeitgeist oder die öffentliche Stimmung hat sich durchaus gegen sie erklärt. Doch gerade das, was man an ihr gefährlich findet, möchte noch das Empfehlendste an ihr sein. Sie ist nicht schädlich, sondern nützlich, wenn sie den Ehrgeiz eines Knaben verletzt und den Hochmuth beugt; wo sie das Ehrgefühl kränkt, aber auch in seine rechte Schranke zurückweist, da kann sie sogar heilsam sein; in allen den Fällen also, wo die Eltern, die Meinung des Publikums und selbst die Schule die körperliche Strafe als nicht dem Alter, oder der Klasse, oder der Entwickelungsstufe, oder dem Stande angemessen erachten, kann dieselbe als durchaus unschädlich und in vielen dieser Fälle als nützlich erachtet werden. Die Furcht, als könne sie Individualitäten untergraben, die Thatkraft lähmen, ein selstständiges freies Wollen zerstören, die ist ganz und gar ungegründet, sie ist historisch widerlegt; denn die alte strenge Zucht hat die alte Zeit vor vielen wankenden Rohren bewahrt, welche die heutige Sommerschwüle unserer Zucht erzogen hat, und welche die heutige Lebensluft hin und her bewegt. Könnte die körperliche Strafe als solche so viel schaden, dann müßte sie auch mehr nützen, als sie es thut, aber sie kann das Eine so wenig, wie das Andere. Schädlich wird die körperliche Strafe, wie jedes äußere Zuchtmittel, dann, wenn sie ein Motiv des Handelns abgeben, d. h. wenn sie als Erziehungsmittel gebraucht werden soll. Sie kann nur als Motiv des Handelns Furcht einpflanzen, und diese ist nichts weiter als Unlust am Schmerze, und damit ist denn doch nichts gewonnen; sie macht so aus dem Schüler das, wozu er eben nicht erzogen werden soll, nämlich ein Wesen, was nur regiert wird von den Eindrücken körperlicher Lust oder Unlust. (Bei kleinen Kindern ist diese körperliche Zucht darum die einzige natürliche, weil in diesen noch das instinctmäßige Leben vorherrschend ist und so geleitet und gebraucht werden muß, daß es eine bestimmte Richtung gewinnt). Schädlich wirkt die körperliche Strafe, wenn sie zu einem Spielwerke herabsinkt und blos die Menge der ehrtreibenden Mittel vermehren soll. Will man ausholen und dann blos die Backen streicheln, so macht man sich lächerlich; man hat nicht körperlich gezüchtigt, sondern nur körperlich den Ehrgeiz angerührt und beleidigt. Nimmt man der körperlichen Strafe den Schmerz, so ist sie ein Popanz, der zur Verachtung der Zuchtmittel und zur Verachtung der Erziehungsart führt, oder es wird — wie es eben so oft und fast immer geschieht — der Ehrgeiz durch sie erregt, der dann mit heftigen Flammen gegen den Strafenden losbrennt, so daß größere Uebel entstehen, als die waren, welche unterdrückt werden sollen. Schädlich wirkt aber auch die körperliche Strafe dann allemal, wenn sie als ein bloßes opus operatum, als eine nothwendige Folge eines verletzten Gesetzes eintritt, sie ist dann kein Erziehungs-, sondern ein Trennungsmittel zwischen Lehrer und Schüler, wodurch eben der erziehende Einfluß abgeschnitten wird. Sie thut in diesem Falle nicht körperlich, sondern geistig weh, sie verletzt innerlich das Gemüth, denn sie hebt die Liebe auf. Eine so nach gewissen Regeln, auf gewisse Vergehen, oder gar — das mag wohl nie vorkommen — auf eine gewisse Anzahl von Vergehungen eingetretene körperliche Züchtigung macht den Lehrer zum Richter und Scharfrichter zugleich, und er erzieht in der Schule gerade so viel, wie jene beiden im Staate die bürgerliche Gesellschaft erziehen. Mit je mehr Ueberlegung, mit je größerer Besonnenheit, mit je größerer Vorsicht, mit je genauerer Anschließung ans Schulgesetz, mit je schärferer Beweisführung aus dem Gesetze, mit je größerer Consequenz ein Lehrer straft, je gerechtfertigter er mit dieser Strafe vor dem Gesetze und der Behörde auftreten kann, desto ferner ist er, ein Erzieher seiner Schüler zu sein, denn er hat durch diese berechneten Berechtigungen die Schüler aus seinem Herzen heraus gerechnet. Mit jeder Ankündigung: wenn der Schüler dies und das thut, oder so und so oft fehlt, soll ihm dies und das geschehen; mit jeder solchen Gesetzesmaaßregel, denn das ist dies Verfahren, löscht die Schule einen Funken der Liebe aus und reißt mit jeder solcher Ankündigung und der mit Consequenz vollführten Bestrafung einen Faden der Liebe ab, so daß zuletzt ein kalter Heerd, und auf demselben todte Herzen zurückbleiben. Schädlich wirkt die körperliche Strafe, wenn sie von einem Dritten, dem Ordinarius, oder dem Director, vollzogen wird. Soll und muß hienach über ein Vergehen erst eine protocollarische Untersuchung und eine notorische Feststellung des Factums gemacht werden, dann wird die Schule ein Criminalgefängniß, die Schule wird ein Staat, der Lehrer Handhaber des Gesetzes, der Schüler ein Inculpat, dessen Unschuld alle Mitschüler zu betheuern geneigt sind. Die so verhängte Strafe ist ein Denkzettel dazu, daß der Gestrafte es künftig schlauer anfangen müsse, und alle die Beweispunkte, an denen man ihn seines Vergehens überführte, sind ihm Fingerzeige, für die Zukunft dergleichen Beweismittel nicht wieder der Schule in die Hände zu geben. Alle die Strafen, welche nur als Folge eines beleidigten Gesetzes verhängt werden, sind nur ein Rechtfertigungsmittel für die Lehrer, wenn sie sich selber nach der gethanen Schuldigkeit fragen; sie wälzen ihnen die Last der Erziehung ab, wie sie sie für die Folge unmöglich machen, und geben den Lehrern recht actenmäßig den Beweis ihrer erziehenden Tüchtigkeit, indem sie beim nothwendig erfolgten Mißlingen und beim Nachfragen der Behörden mit Recht sagen dürfen, daß ja von ihnen alles Mögliche versucht sei. Wenn also eine Schule, oder ein einzelner Lehrer in ihr die körperlichen Strafen zu einem Spielwerke, oder zu einem Reizmittel des Ehrgeizes, oder zu einer Satisfaction für ein verletztes Gesetz, zu einem opus operatum, zu einer nach gewissen Ankündigungen und Drohungen erfolgten äußern Nothwendigkeit macht, so wirken sie schädlich, und zwar um so schädlicher, je geregelter, berechneter und gesetzmäßiger es dabei zugeht.

Doch die körperlichen Zuchtmittel können nur in ihrer fehlerhaften Anwendung, die übrigen scheinen fast bei jeder Gebrauchsweise schädlich zu wirken. Ein Tagebuch mit den Rubriken Lob und Tadel, classificirte Zeugnisse, Rangordnungen in den Klassen, und die mit der Austheilung der Zeugnisse verbundenen öffentlichen

Censuren sind so gewöhnliche und allgemeine Bildungs- oder Erziehungs- oder Zuchtmittel, daß man eine Schule, in der dieses Alles fehlt, für schlecht organisirt hält, ja daß man sogar auch in den Volks- und Elementarschulen dergleichen Dinge anzuordnen für zweckmäßig und nöthig erachtet hat. Alle diese Erziehungsmittel haben ihren letzten Haltpunkt in dem Ehrgefühle, und die ganze Zucht ist auf dieses berechnet. Dies erhöhte Ehrgefühl, welches durch das Lob direct und durch den Tadel indirect, d. h. vermöge der Anreizung zum Widerstreben gegen solche Kränkungen, heraus und heran gebildet wird, gestaltet sich bald zu einem Ehrgeize, und mit ihm ist denn von selbst alle sittliche Kraft untergraben und erloschen. Oder sollte Ehrsucht das höchste sittliche Streben sein, und Ehrtrieb die sittlich bewegende Kraft, auf die man das ganze Fundament der Erziehung anlegen dürfte? Dieses Steigern des Ehrgefühls durch alle die gedachten Mittel wirkt der Religiosität, der wahren Erziehung direct entgegen und erzeugt den oben genannten Dünkel. Die Schule bildet sich mit diesen Mitteln ein Geschlecht, das zuletzt die von der Schule gebrauchten Waffen gegen die Schule selber kehrt, und der gesteigerte Ehrtrieb, der so lange Zuchtmittel ist, wird fast immer, wenn er beleidigt wird, oder, was bald und oft geschieht, sich beleidigt fühlt, die Quelle vieler der gröbsten Vergehungen. In diesem Anbauen des Ehrgeizes liegt der Tod der Pietät, und je mehr man jenen stachelt, desto ferner ist man von Erziehung, in einem desto größern Gegensatze findet man sich mit der Demuth predigenden Religion; je wichtiger und je bedeutungsvoller man die ganze Angelegenheit des Lobes und Tadels, der Rangordnung und der Censur macht, desto schädlicher, desto unmoralischer wirken diese Dinge. Es kann und darf nicht geläugnet werden, daß alle diese Dinge auch einen Einfluß haben; es zeigt die Erfahrung, daß diese Mittel, recht mit Effect gehandhabt, einen tiefen bleibenden Eindruck machen, daß sie eine plötzliche Wirkung hervorbringen, daß sie manchen Schüler aus dem Schlafe aufrütteln, Faulheit heben, den verschrieenen Stock überflüssig machen und allerhand Teufel austreiben; doch wenn man näher zusieht, so geschieht diese Austreibung durch Beelzebub, wenn anders feststeht, daß die Selbstwertherachtung der Quell der Irreligiosität, oder daß sie eigentlich die Irreligiosität selber ist. Doch die Sache ist eine zu allgemeine, und ihr Einfluß ist zu ausgedehnt und zu groß, als daß sie nicht an dieser Stelle eine reifliche Ueberlegung von allen Seiten erheischte. Betrachtet man nun zunächst die Rubriken des Lobes und Tadels im Tagebuche, so können sie zunächst so angewandt werden, wie sie am wirksamsten sich zeigen, nämlich als eine öffentliche Ehrenstrafe oder als Ehrenlohn für verletzte oder geübte Pflicht. Dieses Tagebuch ist nämlich für den Schüler ein öffentliches und für sein Schulleben bleibendes Document, und seine Klasse ist zunächst seine Welt. So behandelt, ist das Tagebuch am wirksamsten, weil seine Notizen am meisten an der Ehre rütteln, aber darum ist es so gebraucht auch am schädlichsten und wirkt, in den höhern Klassen angewendet, nur Trotz erregend und so unmittelbar Vergehungen hervorrufend. Je mehr diese Lobe und Tadel Ehrensachen werden, desto empfindlicher wirken sie, desto mehr sind sie der Liebe entkleidet, desto mehr entfremden sie die Gemüther der Lehrer und Schüler, eine desto größere Widersetzlichkeit locken sie hervor. Zwar ist ein solcher schwarz auf weiß gegebener Tadel ein Benachrichtigungsmittel für alle Lehrer einer Klasse, für den Ordinarius derselben und für den Director der Anstalt; aber darum hat es denn auch oft die Folge, daß der in der Stunde von 8 bis 9 Uhr gelobte Schüler schon in der Stunde von 9 bis 10 Uhr bei dem folgenden Lehrer einen Tadel verdient, indem er den aus dem Lobe gewonnenen Uebermuth laut werden läßt und seine Verdienstlichkeit, die ja öffentlich anerkannt ist, durch eine Empfindlichkeit gegen einen Vorwurf geltend macht; ja noch öfter kommt es, daß der in einer Stunde getadelte und so zum Widerstreben und Trotzen erregte Schüler diesen Trotz in der folgenden Stunde bei dem vielleicht weniger strengen Lehrer ausläßt. Man möchte hier doch wirklich alles Ernstes fragen, ob denn das Papier mehr werth sei als die Seele, und ein Klassenbuch mehr gälte als der Lehrer. Ist der Unwille und die Zufriedenheit des Lehrers, ist seine angedeutete oder ausgesprochene Belobigung, oder das vom Schüler verstandene Urtheil, ist des Lehrers freudige, oder betrübte Stimmung gegen den Schüler nicht mehr werth, als die Dintenkleckse in einem Tagebuche, dann denke man doch nur nicht mehr an Erziehung. Soll ein Inneres noch erst durch ein Aeußeres gehoben und in seiner Wirksamkeit verstärkt werden, dann wird jenes zu einem Aeußern und hört auf ein Inneres zu sein. In einem schriftlichen Lobe oder Tadel ist nicht mehr eine Herzensangelegenheit des Lehrers, der Schüler empfindet sie mindestens nicht mehr, sondern er fühlt darin nur noch sich, seine Persönlichkeit, seine Werth- oder Unwerthgeltung. Meint man aber, es werde dieses Lob, oder dieser Tadel nur in ganz besondern Fällen ausgesprochen und sei so der Ausdruck einer ganz besondern Zufriedenheit, oder Unzufriedenheit, so ist doch wohl ein Wort aus dem Munde und dem Herzen des Lehrers ein schöneres, tiefer greifendes, wirksameres Mittel, als der todte Buchstabe, der nur noch für die Zukunft documentirend auftritt und Uebermuth auf der einen Seite und Scheu' oder Trotz auf der andern Seite erzeugt. Ja, wo dieses documentirende Loben und Tadeln recht zur Blüthe gelangt, da widersetzt sich der Schüler schon dem leisesten Tadel und Vorwurfe des Lehrers, widerspricht ihm, lügt ihm ins Angesicht, sucht alle Täuschungsmittel hervor, denn er fürchtet, es werde dieser mündliche Tadel sich bald in einen öffentlichen verwandeln, sobald derselbe von ihm eingestanden ist. Sollten aufmerksame Schulmänner, wenn sie verschiedene Perioden in dem Gebrauchen des Tagebuches von Seiten der Schule durchgelebt haben, nicht diese Erfahrung gemacht haben? Wenn nicht, nun dann mache man sie erst, erhebe den Tadel im Klassenbuche zu einer großen Wichtigkeit, und der weniger strenge

Lehrer wird es vor einer gefüllten Klasse kaum wagen dürfen, einen Schüler in den Tadel einzuschreiben; und dann negire man den Gebrauch des Tagebuchs einmal ganz, und man wird es bald inne werden, daß ein persönlicher Unwille, daß eine herzliche Zufriedenheit wohlthätiger wirkt, als ein Ding, ohne welches man in einer Schule nicht fertig werden zu können sich seit langer Zeit einbildet. Diese Erfahrung kann man ohne Gefahr der Auctorität und ohne Gefahr, an Wirksamkeit zu verlieren, auch da noch machen, wo die ganze Schulzucht auf eine solche actenmäßige Ehrenrührigkeit gebaut ist. Wie sehr aber dieses Erziehen durch ein Tagebuch in dem hier angegebenen Sinne alle Erziehung aufhebt, kann man daraus sehen, daß alle diejenigen Lehrer, welche vornehmlich ihre Zuflucht zu einem Tagebuche nehmen, keinen Einfluß auf die Gemüther haben und nicht selten sich den Vorwurf der Ungerechtigkeit und so sich Haß zugezogen haben. Dies liegt eines Theils schon in dem oben Gesagten, daß nämlich in dem todten Buchstaben kein theilnehmendes Herz mehr ist; andern Theils aber auch darin, daß wirklich der Gebrauch des Tagebuches keine Gerechtigkeit zuläßt. Soll der Schüler, welcher einmal so recht fleißig ist und zu einer einzelnen Stunde so recht was Besonderes gethan hat, löblicher sein, als der, welcher so ganz ruhig von Stunde zu Stunde gleichmäßig fortschreitet? Steht dieser letztere unbedenklich höher, als jener, so verdient er das Lob, und er müßte somit jede Stunde gelobt werden, und das ist lächerlich; wird aber jener erstere gelobt, so ist man ja offenbar ungerecht. Oder man setzet hiebei so fest: es soll nur der Schüler gelobt werden, der immer seine Schuldigkeit vollkommen, und der dann noch einmal etwas mehr thut und als ausgezeichnet vor der Klasse hervortritt. Dann ruft man mit dem Lobe Außerordentlichkeiten hervor, hinter denen die Ordentlichkeit verloren geht. Es kommt nun noch gar hinzu, daß manche Schüler bei geringern Anlagen bei ganz außerordentlicher Thätigkeit im Vergleiche mit den befähigtern Mitschülern es nie zu solchen Außerordentlichkeiten bringen, sie können also nicht gelobt werden, und der Lehrer ist ungerecht. Kann nun ferner ein Lehrer niemals die momentane, oder dauernde Gemüthsstimmung, mit der er in die Klasse kommt, unterdrücken; prägt sich sein Froh- oder Trübsinn, seine ganze Stimmung in dem Unterrichte, in der Behandlung und in der Beurtheilung des Schülers ab — ja diese Wahrheit des Lehters vor dem Schüler, dies sich Geben, wie man nun eben ist, diese Menschlichkeit, die wie ein Vaterherz unter die Kinder tritt, diese Offenheit ist gerade das Fesselnde für die Kinder und somit das Erziehende: — so wird ein öffentliches, documentirendes Urtheil aus dieser momentanen Stimmung hervorgehen, aber an dem niedergeschriebenen Buchstaben ist morgen schon nicht mehr jene Stimmung erkennbar, und somit wird das Urtheil in dieser Form als Laune und Ungerechtigkeit erscheinen. Ist dies nun schon übel bei jedem einzelnen Lehrer, so wird es bei den verschiedenen Lehrern noch ärger, da jeder einen andern Maaßstab anlegt. Wo einer unter ihnen schon lobt, da tadelt ein anderer noch, und dennoch sieht jedes geschriebene Lob und jeder Tadel auf gleiche Weise aus. Ein Resultat über den Schüler wird am Ende nur nach der Anzahl der Belobigungen und der Tadel gewonnen. Wollen nun die Kollegen, oder der Ordinarius, oder der Director die Wichtigkeit der Tadel nach den Individualitäten der Lehrer classificiren, so wird das Uebel sehr schlimm, wollen sie aber Alles als gleich behandeln, so geschieht Ungerechtigkeit. Es wird gern zugestanden, daß dennoch eine bedeutende Frucht aus diesem Loben und Tadeln erwächst; nur muß gesagt werden, daß diese Frucht giftig ist. Der Schüler freut sich seines Lobes so lange, bis er sich ganz satt gefreut hat, und dann ist es mit ihm zu Ende, und der verdorbene Magen will die gesunde, nahrhafte, die wahrhaft erziehende Speise des Herzens nicht mehr annehmen, und er krankt für die ganze Schulzeit. Nicht anders steht es mit dem Tadel; er reizt den Ehrgeiz durch Kränkung und bringt Verhärtung und Trotz hervor, denn die erweichende und versöhnende Sprache des Herzens steht nicht mehr in dem Tadel geschrieben und läßt sich nicht mehr herauslesen. Eine Besserung ist — so weit meine persönliche Erfahrung reicht — noch nie hiedurch bewirkt, denn derjenige Schüler, welcher immer faul ist, müßte täglich getadelt werden, und das will man nicht, weil man damit ausgelacht werden würde; derjenige, welcher einmal seine Schuldigkeit nicht thut, würde zu hart gestraft sein, wenn man ihn sogleich so öffentlich tadeln wollte, und so erscheint der Tadel immer ungerecht und wirkt immer erbitternd. Wenn er je eine andere Wirkung zu haben scheint, so kann man meistentheils annehmen, daß der Schüler auch ohne diesen öffentlichen beschimpfenden Tadel besser geworden sein würde; oder man wird bei genauerer Untersuchung finden, wenn man sich nur nicht diese Mühe der Nachforschung verdrießen läßt, daß ganz andere Ursachen als der Tadel jene Besserung hervorriefen. Man wird indeß immer sagen: es geht nicht ohne Tagebuch, man kann nicht dies Zuchtmittel entbehren, die Wirkung desselben ist unläugbar, dem Zeitgeiste angemessen und hat sich seit vielen Jahrzehnden als höchst practisch bewährt. Wohl ist es so, aber nur mit der Bewährung steht es schlecht; man versuche nur das Ding wieder ohne ein solches Tagebuch, und man wird die Anstalten wieder möglicher Weise zu Erziehungsinstituten erheben können, was sie mit demselben unmöglich sein können; denn dieses Buch, dieses Protocolliren, dieses actenmäßige Verfahren, dieses Losreißen der Jugend vom Herzen des Lehrers hebt durchaus alle Erziehung auf, und die Richtung des Ganzen auf den Ehrtrieb wirkt ihr direct entgegen, ja ist immoralisch wirkend, ist irreligiös. Wenn jedes Haus ein solches Tagebuch verschmähen, und Jedermann den Vater verächtlich ansehen würde, der ein Conto-Buch über die Tugenden und Fehler seiner Kinder anlegte, wenn die Kirche nicht minder die Kirchenzucht und Kirchenbuße verschmäht hat, wenn auch sie im Großen und in viel größern und loseren Kreisen mit dem lebendigen Worte des Herzens erziehen will, so muß die Schule daraus erkennen können, wie fern sie allem Erziehen steht, wenn sie solche Aeußerlichkeiten als Erziehungsmittel festhält und auf sie sogar einen großen Werth legt. Es giebt indessen auch noch einen andern Gebrauch dieses Tagebuches. Man kann es nämlich blos als ein Notizenbuch behandeln, in welchem man Tugend und Untugend des Schülers für sich und für andere Lehrer vermerkt, ohne daß man damit irgend Kitzel oder Kränkung des Ehrgefühles verbindet. Je mehr dies letztere davon abgestreift werden kann, was doch nie ganz möglich sein wird, desto weniger schädlich wird dieser Gebrauch werden. Doch ist es in diesem Falle ganz unnütz, fruchtlos und wird nur den Erfolg haben, daß es Inconsequenz und Ungerechtigkeit des Lehrers, wofür er gar nicht kann, herausstellt. Wenn die Untugend oder der Unfleiß Eines Schülers entdeckt wird, so gehen daneben viele Faule als unentdeckte mit durch, und der Schüler nennt seinen Tadel ein böses Geschick. Soll nun jedes Tadelnswerthe eingeschrieben werden, so hätte man manchmal, und namentlich der schwächere Lehrer immer genug mit dem Protocolliren zu thun. Wenn denn nun nicht jedes eingeschrieben werden kann, wo ist denn die Grenze zu ziehen? Doch warum soll denn jeder Fehltritt dem Gedächtnisse aufbewahrt werden? Fürchtet man, ihn zu vergessen? Um so besser für den Lehrer und Schüler, denn um so weniger liegt zwischen den Herzen beider, und um so weniger steht dem Erziehen im Wege. Oder will man diese Notizen zusammenrechnen und dann belohnen, oder strafen, um so vor einem höhern Richter die actenmäßigen Gründe zu einem solchen Verfahren vorlegen zu können, so ist schon vorhin bei der Gesetzeszucht der Schule gesagt, daß dies das Ende und der Tod aller Erziehung sei. Meint man aber, dies müsse man thun, um sich vor den Eltern rechtfertigen zu können, so sagt man damit nur aus, daß die Schule das Vertrauen dieser verloren habe, und daß diese ihr keine erziehende Kraft zugestehen. Vergesse man es immerhin und lasse sich fragen, warum der Sohn hier oder dort gestraft sei; kann man mit voller Wahrheit und mit reinem Gewissen antworten, man habe das wieder vergessen und wünsche nicht, das Andenken daran wieder aufzufrischen, so darf man versichert sein, daß einem solchen Lehrer die Eltern mehr Kraft zugestehen, ihm einen freiern Arm lassen, seine Wirksamkeit weit mehr fördern helfen, als dem, der so recht schwarz auf weiß das Sündenregister ihres Kindes aufweisen kann. Meint man aber endlich gar, man wolle ein solches Lob und einen solchen Tadel für den Schüler aufbewahren als Denkzettel zur Selbsterkenntniß, so müßte der Lehrer erst höher befähigt werden, er müßte ein größerer Herzenskündiger, ja er müßte mit dem Leben des Schülers, mit dessen Thun, Treiben, Denken, Empfinden, Begehren und Wünschen inniger vertraut sein, wenn diese Denkzettel nicht ein Beleg seines steten Irrens werden sollen. — Ganz auf gleiche Weise verhält es sich mit den vierteljährlichen Zeugnissen. Sie schaden, wenn sie loben, oder man müßte nicht wissen, daß viele, schon sehr viele Schüler zu Tode gelobt sind. Es bauen sich gleichsam die Schüler ein Bollwerk von guten Zeugnissen auf, hinter welches sie sich bei ihrem schlechter Werden wie hinter eine Schutzmauer verstecken, und was sie als Wehr gegen jeden Tadel gebrauchen und als Schutzwaffe jedem Vorwurfe entgegenhalten. Thut nun die Censur, das öffentliche Vorlesen dieser Zeugnisse, das belobende Wort, die Betonung des Vorlesenden noch etwas hinzu, so wird das Ding noch ärger. Man ruft gleichsam das ganze Gymnasium zu Zeugen der Vortrefflichkeit auf, damit bei künftiger Verschlechterung recht Viele da sind, welche die Güte und Vortrefflichkeit des Schülers als Ohrenzeugen betheuern können. Darf man sich da wundern über Selbstgefälligkeit, Dünkel, Trotz? Darf man sich wundern, wenn viel versprechende Sextaner nichts verrathende Quintaner geworden und als Quartaner nur noch den ehemaligen Ruhm nachschleppen? Darf man sich wundern, wenn alle sittliche Kraft untergeht, da sie ihren eigentlichen Grund und Boden, die Liebe, verloren und als Fundament den Ehrgeiz gewonnen hat? Man sehe nur das Erröthen des vor einem ganzen Gymnasium so hoch gelobten Kindes: dieses Erröthen ist das Bluten der gemordeten kindlichen Unbefangenheit und Unbewußtheit, und das verschämt Werden bei solchen Auszeichnungen ist ein Sterbehauch der vernichteten Kindlichkeit. Doch man kann ja, so glaubt man nun einmal, die Zeugnisse, die Censuren, diese moralischen Todtschläge, nicht entbehren und hofft von den tadelnden Zeugnissen und von den damit verbundenen Beschämungen eine ganz bedeutende Frucht. Wenn nicht die Eltern mit der wahren Zuchtruthe hinterher kämen, die Zeugnisse der Schule sollten wenig wirken; sie würden bald ein Gegenstand des Gelächters werden, wenn nicht die elterliche Hülfe draußen vor der Thüre des Censur-Saales schon wartete. Dies gesteht man vielleicht zu, oder vielmehr man kann dies gar nicht läugnen; aber man meint wohl, hiemit dann auch die Zeugniß-Aushändigungen als einen offenen Brief an die Eltern ansehen und sie so rechtfertigen zu dürfen. Wozu denn aber Censuren und öffentliches Lärmen, wozu ein öffentliches Ausposaunen oder Beschimpfen, wozu eine Classification nach Nummern, welche immer nur auf einen vergleichenden Maaßstab mit den Mitschülern hinweisen? Man gebe dann doch den Schülern ein Zeugniß still in die Hand, und man wird selbst dann noch erfahren, daß es um so schädlicher, je besser, und um so wirkungsloser, je schlechter es ist. Im Großen ist sogar schon die schlechte Wirkung solcher ehrenden Nummern anerkannt, sie sind zur großen Freude der Schule aus den Abiturienten-Zeugnissen verschwunden, weil ihre Schädlichkeit sich ausgewiesen; aber in den noch weit schädlicher und öfter wirkenden Klassenzeugnissen finden sie sich immer noch in manchen Schulen. Weil man sie nicht entbehren kann, so meint man; weil es Nebendinge sind, so glaubt man; weil man sich ein Zuchtmittel nimmt, so fürchtet man. Bedenkt man nun hiebei noch gar, daß bei Ertheilung der Zeugniß-Nummern der größte Zufall herrscht —

oder sollte es nicht der Fall sein? — daß manche Lehrer urtheilen, ohne ein Urtheil zu haben, daß ein zuerst ausgesprochenes Urtheil rückwirkt auf die folgenden; rechnet man zufällige momentane Stimmungen des Lehrers bei der Beurtheilung mit hinzu und bringt man alle die möglichen Irrthümer der Lehrer in Anschlag: so überzeugt man sich, daß die Zeugnisse nur Appellationen, und das noch sehr mißliche, an die Eltern sind, die den erziehenden Einfluß der Schule aufheben. Die einzige gute Frucht dieser Zeugnisse ist die, daß die Lehrer auf jeden Schüler zu achten gezwungen werden, um ihm ein Zeugniß geben zu können. Doch dieser Nutzen ist doch wohl zu gering gegen den unendlichen Schaden. Durch schlechte Zeugnisse an und für sich und durch die damit verbundene Censur ist mancher Schüler erschreckt, keiner gebessert, viele zerknickt, keiner aufgerichtet; durch gute Zeugnisse sind viele Schüler erhoben, keiner stark gemacht, viele geschroben, keiner sittlich gekräftigt.

Zwar ist nun wahr, daß viele dieser Uebel, welche diese Schulzucht hervorruft und erzeugen muß, durch einen tüchtigen, erregenden Unterricht und durch eine Innerlichkeit der Schülerbehandlung wieder etwas ausgeglichen werden können; aber wehe der Anstalt, welche diese letzten Mittel auch noch verpestet. Wenn auch hier noch als die letzten und höchsten Motive des Fleißes der höhere Platz in der Rangordnung, Versetzung und öffentliches Lob hingestellt werden; wenn auch hier noch nicht das Wissen als solches und das Lernen als solches, sondern der äußere Erfolg dieses Wissens als letzte und bewegendste Triebfeder gepredigt wird: dann mögen sich die Schulen alles Ernstes fragen, woher das Unkraut, woher die faulen Früchte, woher die betrübenden Erscheinungen unserer Jugend? Wenn so die Schulen den letzten Kern vernichten und lauter Leerheiten und Nichtigkeiten, lauter Aeußerlichkeiten als das Höchste hinstellen, sie mögen sich dann nicht wundern, wenn diese Aeußerlichkeiten schon vom Knaben als flimmernder Schein betrachtet und verlacht werden; sie mögen sich dann nicht wundern, wenn zuletzt alle Reden und Ermahnungen dieser Art fruchtlos bleiben, wenn alle Hebel des Fleißes, die künstlichsten und kitzelndsten, die stachelndsten und schmerzlichsten, nicht mehr ausreichen, um den innern Todtschlag wieder gut zu machen und den hohlen Menschen wieder zu begeistigen; die Schulen dürfen sich dann nicht wundern, wenn sie bei momentanen Begeistigungen nur erreichen, daß die Helden dieser Begeisterung sich nur noch hohler aufblasen. Kommt aber gar zu allen diesen Dingen noch hinzu, daß man als Hebel der Sittlichkeit und des Fleißes die Hinweisung der Schüler auf ihre künftige Lebensstellung gebraucht, wenn man ihnen von künftigen Staatsbeamten, die sie vorstellen würden, spricht; wenn man sie die Hoffnung des Staates oder dessen Stütze nennt; wenn man sie als diejenigen bezeichnet, in deren Händen die Gestaltung der Zukunft liege, und was dergleichen Dinge mehr sind: so mag jeder die Schlußfolgen selbst ziehen; doch diese werden ja von der Jugend selber vorgelebt.

Der Zustand der Schüler während und nach der Schullaufbahn beweist als der eigentliche Maaßstab vollkommen, daß es um die Erziehung in diesen höhern Schulen nicht besonders stehe. Wenn dem kindlichen Alter Offenheit angeboren, und Mittheilung ihm ein natürliches Bedürfniß ist, wenn vertrauliche Anschließung und Hingebung die einzige Bedingung ist, unter welcher Erziehung überhaupt denkbar ist: so muß diese für die Schulen sehr zweifelhaft werden. Ein solcher Sinn findet sich nur bei sehr wenigen, fast nur bei neu aufgenommenen Schülern und dauert nicht weit über einige Semester hinaus. Er ist so sehr dem Geiste des Gymnasiums widersprechend, daß er sich dem Hohne der Mitschüler ausgesetzt sieht und in diesem Hohne dann auf immer zerknickt wird. Scheues Zurückweichen statt Vertraulichkeit, ein Verschließen vor dem Lehrer statt der Offenheit, ein Abweisen der Annäherung statt Hingebung, das ist so sehr der allgemeine Zustand, daß man kaum noch einen andern für möglich hält. Lug und Trug wird gegen den Lehrer auf alle nur mögliche Weise als etwas gar nicht Unsittliches geübt, und den Lehrer hintergangen zu haben ist für den Schüler ein ruhmwürdiges Stückchen, bei welchem alle Schüler gleichsam als natürliche Gegner des Lehrers behülflich sind. Einen Mitschüler gegen den nachforschenden Lehrer nicht zu verrathen, ist Ehrensache, und wehe dem Schüler, der niedrig und schlecht genug denkt, des Mitschülers Vergehungen beim Nachfragen des Lehrers entdecken zu helfen, oder auch nur als nicht geschehen nicht kräftigst zu betheuern. Widersetzlichkeiten sogar nicht blos einzelner Schüler, sondern ganzer Klassen sind keine unerhörten Erscheinungen, und ein Geist des Widerstrebens gegen jedes neue Gebot und Verbot giebt sich selbst noch in den bessern Schulen kund. Sollte man dies mit ähnlichen Erscheinungen im elterlichen Hause entschuldigen wollen, so ist das nichts gesagt, denn schwerlich wird man alle Eltern für Erzieher halten und manches Familienleben zum Muster des Schullebens erheben wollen. In einer geordneten Familie aber, in welcher Sitte und Zucht herrscht; sind dergleichen Erscheinungen undenkbar und widernatürlich. Wie nun diese Gesinnung in dem Lebensgebiete der Schule schon hinlänglich Ausweis giebt über ihre erziehende Kraft, so steht es noch fast schlimmer, wenn man die Schüler auch noch ein wenig außerhalb der Klassen beobachtet. Unsere Jugend ist im Allgemeinen jetzt eine gesittete; nirgend Lärmen auf den Straßen, kein Jubel im Freien, keine kecke Ausgelassenheit, kein neckender Uebermuth. Ehrbar gehen unsre Schüler mit einem Spazierstocke einher auf dem Spazierwege, grüßen anständig und höflich, gehen schweigend die Straßen entlang — in die Kneipe. An den eigentlichen heitern Jugendfreuden, in denen sich das jugendliche Gemüth so schön ausspricht, und die das unverdorbene so gern sucht und überall findet, an denen haben unsre Jünglinge keinen Gefallen mehr. Sie wissen sich nur auf einem falschen Wege zu erheitern. Ballspiele, Wettläufe, Ringen, Balgen, angestrengte körperliche Uebungen im Freien, jedes der Art ist ihnen schon im 15ten Jahre zuwider. Im Winter ist es ihnen dazu zu kalt, im Sommer zu warm, im Frühling zu naß, im Herbste zu stürmisch. Ein Spiel, ein Gang im Freien erschöpft sie, strengt dem Einen die Brust an, dem Andern bringt es das Blut in Wallung, einem Andern thun die steifen Glieder darnach weh. Es scheint, als wäre unsrer Jugend alles Spielzeug genommen, und mit dem Spielzeuge aller Jugendsinn ausgezogen; aber darum spielen sie nun die Männer zur großen Betrübniß der Eltern und des Staates. Am Billard, am Kartentische, beim Bierkruge, aus der Flasche (ohne Gesang und Klang, damit es Niemand hört) wird Leben, Geist und Wärme geholt. Spielkarten sind leichter zu handhaben als der Ballstock, eine gewonnene Partie macht sich würdiger, als ein Sieg über den Genossen im Wettlaufe, und die Stubenwärme der Bierstube giebt leichter eine Aufwallung des Blutes, als ein Schweiß treibendes Spiel im Freien, wozu Allen der Odem zu fehlen scheint. Mit dieser Unlust, mit diesem Mangel an ächter jugendlicher Heiterkeit verbindet sich ein unermeßlicher Dünkel. Aufgeblasenheit, Altklugheit, vorschnelles Aburtheilen, Einmischen in Unverstandenes, Altväterlichkeit, ja Greisenhaftigkeit, Besserwissen und Besserwollen und Trägheit und Lauheit und Schlaffheit, oder entgegengesetzt eine unsichere fast zitternde Erreglichkeit, ein Haschen ohne Gewinn, ein Ergreifen ohne Festhalten, ein Beginnen ohne Vollendung, ein Versuchen ohne Ausdauer, ein Alles wollen ohne sittliche Reife, das ist ohngefähr das Resultat eines Gesammtanblicks der Jugend, wenn sie am Ende ihrer Schullaufbahn angekommen ist. Sollen dies aber keine sittlichen Uebel sein? — Nun so ist die ziemlich gestorbene Pietät gegen die Schule gewiß ein Uebel, was die Gymnasien nicht blos empfinden aus den Gesinnungen ihrer Schüler, sondern zu ihrem großen Leidwesen auch aus der Gesinnung solcher, die ihre Schüler waren. Man täusche sich hier nicht mit der Höflichkeit unserer Schüler; Pietät ist das nicht, es gehört zur Sitte; man rede nicht von Anhänglichkeit der Schüler, wenn sie die Lehrer nach der Universitätszeit besuchen, das ist keine Pietät, sondern eine Aufwartung, die sie als gesittete Menschen machen. Die Schüler charakterisiren ihre Lehrer mit scharfen Zungen und verachten sie nicht selten im tiefsten Herzensgrunde, während sie legal und freundlich sind bei allen Berührungen mit ihnen. Man halte dies nicht für Dichtung. Ob nun an diesem Zustande nicht die Eltern, das häusliche Leben und die Art der Vergnügungen das Ihre beitragen; ob nicht die ganze Richtung der Zeit mitwirke, das zu läugnen kann Niemandem einfallen. Daß viele Immoralitäten ihren Quell in den der Schule fern liegenden, von ihr nicht beherrschten Kreisen finden mögen, das hat auch noch Niemand bezweifelt; aber alle Schuld dorthin zu schieben ist ungerecht. Es sind die sittlich verdorbenen Schüler keinesweges immer diejenigen, welche im elterlichen Hause wohnen, sondern die auswärtigen und unbeaufsichtigten, d. h. diejenigen, welche vornehmlich der Schule und ihrer Zucht anvertraut sind. Die Niedrigkeit und der

Schmuz findet sich meist nur bei denen, welchen die Familienkreise verschlossen sind. Noch widerlegender gegen die Beschuldigung der Eltern ist der Umstand, daß erfahrungsmäßig in gewissen elterlichen Häusern das ganze öffentliche und häusliche Leben keinen Einfluß auf die Kinder hat; daß mancher Vater, trotz alles Lebens in der Welt, doch noch bescheidene, lenksame, offene und hingebende Kinder erzieht. Es muß also doch wohl in der Erziehung eine Kraft liegen, welche jenen Einflüssen nicht nur ein Gleichgewicht hält, sondern über dieselben ein bedeutendes Uebergewicht hat. Wenn demnach die Schule nicht ein solches Uebergewicht hat und ihre Zöglinge nicht vor dem schlechten Einwirken des geselligen Lebens schützen, oder demselben doch einen kräftigen Damm entgegensetzen kann, so hat denn natürlich damit die Schule die Ohnmacht ihrer erziehenden Wirksamkeit eingeräumt. Aber noch mehr — möge es hart und herbe klingen, es gilt hier ein Heiliges, ein der Schule anvertrautes Gut, die jugendliche Seele, — wenn nicht oft das elterliche Haus die Kinder mit der Schule, den Lehrern und ihren Anforderungen aussöhnte; wenn nicht oft der Vater tröstend dazwischen träte, zu heilen suchte, wo die Schule zerriß, ermuthigte, wo die Schule muthlos machte, Ausbrüche des Unwillens über die Schule bei seinen Kindern unterdrückte; wenn nicht der Vater oft sich selber Gewalt anthäte und eingriffe in das ihm verhaßte Triebrad der Schule, ihre Geißeln mitschwänge, um nur nicht die Disharmonie lauter werden zu lassen; wenn nicht ein Vater, oft mit blutendem

Herzen, strafte, um nur das Recht der Schule aufrecht zu erhalten; wenn er sich nicht oft dem in der Schule genährten Dünkel, der dort angefachten Impietät, der dort erzeugten Absprecherei mit allem Ernste entgegenstemmte: es würde um die Schule und viele ihrer Früchte noch viel schlechter stehen, als es eben heute schon der Fall ist. Man könnte daher eben so gut, anstatt den Eltern Schuld zu geben, auch so sagen: alle die Ausnahmen, welche die Schule zur Widerlegung jener gedachten Uebel in Anspruch nehmen möchte, die verdankt sie nicht sich, nicht ihrer Erziehung, sondern lediglich der Zucht der Eltern. Oder wie? Hat denn die Schule etwa viele Musterexemplare aufzuweisen von solchen Schülern, bei denen die Eltern gar nicht mitwirkten? Hätte sie je einen von den Eltern verzogenen Knaben erzogen? Klagt sie nicht immer über Gegenwirkung der Eltern, und hätte sie je eine solche überwunden? Ist sie nicht immer sehr bald mit ihrer ganzen Erziehungsweisheit zu Ende, wenn das elterliche Haus nichts weiter thut, als daß es keine Hülfe gewährt? Klagen sind bald abgewälzt und Andern zugeschoben; doch, wenn denn die Eltern nun einmal durchaus Schuld haben sollen an dem Mißrathen der Söhne, nun dann haben sie auch nur allein Schuld am Gerathen derselben, und die Schule ist in Hinsicht auf Erziehung ganz wirkungslos, was auch nur hier behauptet wird. Es offenbart sich jedoch in dem Leben der Schulen noch etwas, woran doch die Eltern gewiß nicht Schuld haben, und das ist die Unwissenschaftlichkeit unserer Schüler und die zu Grabe gegangene Individualität. Wenn man auch den Zustand der untersten Klassen einer solchen Anstalt gar nicht in Anschlag bringen will (siehe Hft. 1. Absch. 1., woselbst die Gründe dafür angegeben), so darf der Mangel an Arbeitslust und Scheu vor Thätigkeit hier nicht übersehen werden. Mangel an Wissenstrieb ist so sehr vorherrschender Charakter in den mittlern Klassen, daß er eine freie und ungezwungene und nicht abgedrungene Beschäftigung gar nicht aufkommen läßt. Daher wissen denn unsere Schüler meistentheils auch nicht ein einziges Bischen mehr, als was ihnen auf den Schulbänken eingebläut ist, und die eigenthümliche Entfaltung hat keinen Raum, und die eigenthümliche Richtung findet gar keinen Anfangspunkt und bleibt im Embryo. Da nun noch ohnehin das Meiste wieder über das Viele vergessen wird, so wissen im Grunde unsre Schüler wenig, sehr wenig. So sind sie denn in Prima angekommen; in Manchem regt sich ein eigenthümliches Streben; er fühlt das Ungründliche seines Wissens, das Oberflächliche seines Treibens; er erkennt eine eigenthümliche Richtung und möchte sie verfolgen — und dies sind die bessern; — aber nun drängt das Abiturientenexamen; das ganze Material seines Wissens, nicht blos die Frucht seines Lernens, soll er auftischen; er soll den ganzen Schulcursus noch einmal durchlaufen, aufnehmen dem Materiale nach; er muß es thun, die Lehrer feuern ihn dazu an, die Schule muß es wünschen, und so geht er denn in den dürren Fichtwald und sammelt abgefallene Zweige auf und bringt diese dürren Aeste und Reiser ins Prüfungszimmer. So ist denn der letzte Schritt auf der Schule ihm auch noch verkümmert. Was ihn auch interessiren möge, er darf es nicht verfolgen, und so steht denn unser Abiturient unbefriedigt da und interesselos für die Wissenschaft, ja mit Ekel gegen alles Schülersein und alles Schultreiben. Was andere gebildete Menschen interessirt, das läßt ihn unberührt, er möchte denn in dem Gesagten eine Notiz fürs Abiturientenexamen wittern. Alle etwa selbsteigens angefangenen Studien wirft er weg, um den letzten Zipfel seiner individuellen Studien auch noch dem Götzen zu opfern, und so steht er kahl da, weiß selber nicht, was er nach abgelegtem Examen hat, weiß nichts mit sich, mit seiner Zeit auf der Universität zu beginnen und — hört Brod-Collegia, die ihm in seinen Universitätsgesetzen vorgezeichnet sind, und die er gehört haben muß, um neue Examina bestehen zu können. Wohl weiß ich, daß die Lehrer von Prima das Unwissenschaftliche ihrer Primaner nicht zugestehen, daß sie den Mangel an individuellen und charakteristischen Richtungen läugnen werden; aber sie sehen dies gar nicht, und darum nicht, weil sie mit ihren Schülern keinen erziehenden Umgang haben, und diesen haben sie nicht, weil die Schüler sich vor ihnen zurückziehen; sie bestreiten es daher mit Recht, weil sich auf den Schulbänken und bei Interpretationen keine Gesinnungen, sondern nur Schulgedanken offenbaren, sie können diese Unwissenschaftlichkeit factisch widerlegen, je mehr sie selber darauf ausgehen, ihre Schüler recht fürs Examen zuzustutzen.

Doch man widerlegt hier mit einem Blicke auf unser wissenschaftliches Leben, was sich jetzt mehr als je zu regen scheint. Ob aber mit alter deutscher Gründlichkeit? Und wenn auch: ob das aber Früchte der Gymnasien sind? Selten! Wenn die Freiheit gebenden Universitäten nicht manches erstorbene Gemüth wieder auffrischten; wenn an ihnen nicht Lehrer wären, welche jede Zustutzung zu einem Examen verschmähten, rein der Wissenschaft dienten; wenn diese nicht die Gemüther an sich zögen, neues Leben und frischen Wissenstrieb einpflanzten; wenn nicht in dem frischen frohen Leben der Universitätsjahre die Kraft sich neu ermannte und aus der Ohnmacht herausarbeitete; wenn nicht große Männer die Pietät anfachten und individuelle Richtungen belebten: es stände wahrhaftig noch schlimmer, als es schon steht. Wenn es noch viele tüchtige Männer giebt, und noch ernste Wissenschaftlichkeit vorhanden ist, so gehört der größte Theil dieser Erscheinung der Universität an. Wer dies nicht an sich selber erfahren, der schätze sich glücklich; er wird um so leichter zum Ziele gekommen sein. Er halte aber das hier Gesagte nicht für unwahr, sondern er folge den Schülern, die auf der Universität zu Grunde gehen, und die nur eine melkende Kuh in der Collegienweisheit brüllen hören; sie legten den Keim dazu schon auf den Schulen. Doch eine Klasse von Schülern macht hier eine Ausnahme. Dies sind die trotzigen, einseitigen, unlenksamen, mit denen die Schule nie zufrieden ist, die alle ihre Mittel verschmähen, dem Andrange aller ihrer Materialien sich widersetzen und mit

Beharrlichkeit — gegen Schulplan und Schulorganisation und Prüfungsreglement frevelnd und sündigend — ihre eigenthümliche Richtung verfolgen und ihre Individualität und damit ihren wissenschaftlichen Sinn bewahren.

Zweiter Abschnitt.

Ursachen, welche den Gymnasien ihren erziehenden Einfluß entzogen haben.

Heute raubt den Gymnasien — wie es sonst gewesen, ist gleichgültig — den erziehenden Einfluß der eigne Glaube an Unverbesserlichkeit. Wenn nur derjenige gut ist, welcher immer im Bewußtsein des Fehlens ein Streben nach Besserwerden gewinnt, und wenn jeder Gedanke an Vollendung schon eine Unvollendung und Sünde ist, so muß man doch von den Gymnasien dies alles Ernstes auch sagen. Die Erziehungsmittel sind in ihren Grundzügen ausgeprägte Typen, ja sie scheinen einen so heiligen Anstrich gewonnen zu haben, daß Niemand es jemals wagte, die Güte derselben zu bezweifeln, und Jeder, der es thut, läuft Gefahr, viel Anstoß zu erregen. Man dürfte also schon daraus schließen, daß es um die Erziehung nicht besonders stehen könne. Ein Vater, der jedes Vergehen auf dieselbe Weise straft, oder consequent erzieht und sich so einen Typus bildet, der wird fürwahr nicht eben erkleckliche Resultate der Erziehung aufstellen. Wenn ein Vater nicht bei jedem angewandten Zuchtmittel zweifelnd nach der Wirkung fragt, wenn er nicht mit einer Art frommen Zagens, was ihm die Liebe zu seinem Kinde giebt, auf sein Thun, seine Ermahnungen und seine Zucht blickt, ja wenn er sich nicht selber für sündlich hält, nicht an sich selber bessert, sich selber erzieht, so wird er auch schwerlich jemals ein Kind erziehen. Noch weniger aber werden dies Lehranstalten können, wo die Liebe zum Kinde als solchem, d. h. die Liebe zu der einzelnen Persönlichkeit im Kinde, nicht mitredet und leitet und lenkt. Sie müßten also um so furchtsamer, um so besorgter, um so wachsamer über die Frucht ihrer angewandten Mittel sein, wenn sie jemals einen erziehenden Einfluß gewinnen wollen. Man ist versucht, dies Vertrauen auf die Kraft, Leistung und Bewährtheit eine Gottlosigkeit zu nennen, und die Sicherheit in der Handhabung der Erziehungsmittel, dieses Erhabensein über jeden Tadel, dieses Abweisen jeder Prüfung und Sichtung möchte man eine Art von Selbstvergötterung heißen. Ein selbstvertrauender Vater, der sichere, unverbesserliche, hat noch nie erzogen, wie er es eben selber nicht ist. Zu dieser Sicherheit und zu diesem unseligen Vertrauen trägt der Umstand noch viel bei, daß sich die Zahl der Schüler von Jahr zu Jahr mehrt. Dies nennen die Gymnasien ein wachsendes Vertrauen und thun so, als sähen sie die wirkenden Ursachen nicht. Vermehrung der Bevölkerung, Vermehrung derer, welche eine höhere Ausbildung suchen, und die auch für niedere Staatsbeamte gesteigerten Anforderungen an deren geistige Ausbildung, das sind die Ursachen, welche die Gymnasien füllen. Die Gymnasien scheinen gar nicht merken zu wollen, daß nicht innere, im Gymnasium waltende, sondern daß äußere gebietende Kräfte ihre Lehrzimmer füllen, und wie viel man daher auch sagen möge, daß alle Welt mit ihnen unzufrieden sei, sie beweisen mit Zahlen, daß die Schülermenge zugenommen, und schließen daraus, daß das Vertrauen des Volkes zu diesen Bildungsanstalten auch sich vermehrt habe. So gehen sie denn in ihrer Sicherheit ruhig fort, ohne sich auch nur umzusehen nach dem zurückgelegten Wege, ohne eine Weg weisende Stimme auch nur anzuhören. Wenn sie dann einmal das Unkraut überwuchert, dann besteht alles Denken und Sorgen höchstens darin, ein neues Strafmittel ausfindig zu machen, und das nennt man dann eine kräftige Zucht. Nur so ist es gekommen, daß diese Bildungsanstalten nicht einmal ein Organ haben, in welchem sie ihre Gedanken und Erfahrungen über Erziehungsmittel austauschen könnten. Doch vornehmlich ist diese Sicherheit noch dadurch vermehrt, daß man die Erziehungsmittel nicht blos durch Gewohnheit, sondern wohl gar noch durch höhere Bestätigungen zu Gesetzen hat erheben lassen. So ist denn natürlich ein Tadel der Erziehungsmethode, eine freie Untersuchung darüber, ja das Nachdenken darüber schon eine Gesetzesverletzung, und das Beobachten oder Executiren der Zuchtmittel geschieht unter dem Schutze des Gesetzes, und der Beschluß einer Lehrer-Conferenz ist ein unantastbares Ding, sobald er den bestehenden Schulgesetzen gemäß gefaßt wurde. Diese Verordnung, jenes Rescript, diese und jene alte Gewohnheit wird dem entgegengehalten, der Zweifel hegt an dem Erfolge dieses oder jenes Mittels. Mit dieser Sicherheit, mit diesem ausgeprägten todten Typus geht natürlich aller erziehender Geist unter, und das Interesse, darüber nachzudenken, hat darum eben so gar sehr abgenommen, wenn es nicht vielmehr ganz erloschen ist. Zugleich aber liegt hierin auch wieder eine Ohnmacht und Kraftlosigkeit, die man mitunter eine Rathlosigkeit nennen könnte. Die Schule muß sich, wenn ein Schüler klagt, vor der vorgesetzten Behörde rechtfertigen können, und so hat sich endlich statt der Schulzucht das Schulgesetz eingeschlichen; statt des Gedankens, was dem Einzelnen, und was dem Ganzen frommen möchte, tritt die Frage ein: Wird man sich auch bei einer etwanigen Anklage rechtfertigen können? Eine Rechtfertigung giebt es aber nur vor dem Gesetze, d. h. durch das Gesetz, und so erhebt die Schule nach und nach ihre Erziehungsmittel zu Gesetzen, um sich immer gerechtfertigt zu wissen. Sollten das nicht einige an Behörden gethane Fragen hinlänglich darthun; Fragen, welche doch eigentlich im Schooße der Gymnasien beantwortet werden sollten, oder doch von ihnen füglich beantwortet werden können? Doch es ist von selbst klar, daß der erziehende Arm gelähmt ist, wenn schon hinter der Thüre Jemand steht, der des Knaben Schreien mit anhören will, um den Erzieher zur Rechenschaft zu ziehen, warum er gestraft habe. Die zu einem solchen Verhöre nothwendige Ausmittelung des Factums erhebt den Erziehungsact zu einer Criminal-Justiz, und die Untersuchung zu einem solchen Zwecke schneidet den Faden der Erziehung ab. Kann nun aber in einem solchen Falle gar das Vergehen nicht constatirt werden, so wird der Betheiligte, trotz der moralischen Ueberzeugung vom Vergehen Seitens der Lehrer, frei gesprochen, und so dem Schüler das Bewußtsein einer Klugheit und Schlauheit gegeben, vermöge deren er sich glücklich durchgelogen habe. Doch dies Nichtsthun in einem solchen Falle kann die Schule vollkommen rechtfertigen und thut es mit der Sicherheit des Gerichtshofes, der sich um den Beschuldigten dann auch nicht weiter kümmert, als daß er ihn etwa unter polizeiliche Aufsicht stellt. Daher kommt es denn auch ganz nothwendig von selbst, daß die Eltern den Schulen einen erziehenden Einfluß eben so gut wie einem Gerichtshofe absprechen; daß sie darüber sorgsam wachen, damit ihren Kindern nichts Ungesetzliches widerfahre; daß sie sich nur dann in eine Strafe fügen, wenn die Schule dieselbe gesetzlich ausgesprochen. So sind die Eltern zu Advokaten ihrer Kinder gemacht gegen die Anklagen der Schulen und rufen als solche immer mehre der Schulgesetze hervor und zerstören eben dadurch den erziehenden Einfluß immer mehr und mehr. Selten wird gefragt, ob diese oder jene Strafe nützlich und nothwendig, sondern meist nur, ob sie rechtlich begründet gewesen sei.

So möchte es sich denn umkehren, daß nämlich nicht das Widerstreben der Eltern gegen die Zucht der Schule die Schulgesetze hervorgerufen, sondern daß die Schule durch ihre gesetzliche stereotypirte Richtung das Widerstreben hervorrief. Aber ein noch schlimmerer Grund der verfehlten Erziehung im Gymnasium ist der Mißgriff in den letzten Zwecken der Schule. Man hat an die Spitze aller Tugenden das Wissen gestellt, und wenn das heut zu Tage schon im Leben des Staates fast durchweg der Fall ist, so hat es sein Extrem in den Schulen erreicht. Nicht blos Adel und Ahnen verschwinden hier vor dem Diplome des Wissens, sondern es werden die kindlichen Tugenden im Dunste des Wissens erstickt. Alles steuert hin auf das Wissen. Der Schüler, welcher viel weiß, der gilt vor den Lehrern, vor den Mitschülern, vor den Eltern, vor den Behörden; ihm wird viel nachgesehen, viel verziehen; er bleibt oft ungestraft und ungezüchtigt, und sein Wissen wiegt viele Untugenden und Immoralitäten auf. Seine natürlichen Anlagen machen ihm das Lernen leicht, er hat mehr Zeit, als andre weniger begabte, er mißbraucht seine freie Zeit, streut Unkraut aus und verpflanzt es; aber vor dem blos lehrenden Lehrer gilt er als tüchtig und ist ein braver Schüler. Nur erst, wenn ein solcher auch in seinem Wissen zurückschreitet, greift die Schule zu. Entgegengesetzten Falles geschieht es mit dem nicht fortschreitenden Schüler. Der Unwille der Lehrer wächst mit jeder Stunde, in welcher der Schüler sein Pensum nicht wußte; nicht blos Talente und Fahigkeiten, sondern guter Wille und Sinn und gute Sitte werden zuletzt dem abgesprochen, der das Geforderte nicht leistet, und jedes Vergehen eines solchen wird immer im ärgsten Lichte gesehen. Ja das Nichtlernen, das Nichtabsolviren eines Klassenpensums in einer gewissen Zeit ist das größte Vergehen eines Schülers, denn dies qualifizirt ihn vor allen andern Untugenden, die sich nicht immer so actenmäßig darlegen lassen, zu einer Verweisung aus der Schule. Hierin liegt eine Ungerechtigkeit und Härte, wenn man es vom Standpunkte der Erziehung ansieht, und nur die Eltern sind damit einverstanden, welche aus ihren Kindern glänzende Wisser gemacht haben wollen. Dasselbe Schicksal trifft gerade auch aus demselben Grunde den Lehrer; dieser gilt nur, wenn er den Schülern recht viel beibringt. Die Resultate seines Lehrens rechtfertigen alle seine Erziehungsmittel. Ob und wie ein Lehrer sonst auf das Gemüth der Schüler wirke, ob heilend oder verwundend, ob aufrichtend oder zerstörend, erhebend oder einschüchternd, versöhnend oder zum Widerstreben und Trotzen anreizend, das ist im Grunde einerlei. Die Schüler lernen etwas Tüchtiges bei ihm, das ist der Empfehlungsbrief, der alle Erziehungsmängel zudeckt, der ihm seinen pädagogischen Ruf sichert. Ja es dauert wirklich gar nicht lange, so sind die Schüler, welche ihn fürchteten und haßten, so lange sie seine Schüler waren, vollkommen mit ihm ausgesöhnt, weil sie bald genug erfahren, wie viel ihnen es nützet, und welche Werthgeltung es ihnen giebt, daß sie viel gelernt haben. Wer aber dieses verschmäht, Erziehung höher als Zucht hält, und dem ein Liebhaben Christi mehr gilt, als alles Wissen, der darf nur einige Male das Unglück haben, in der Behandlung der Schüler, in der Wahl der Mittel, in der Berechnung der Wirkungen zu irren, seine ihm längst vorgeworfene Schlaffheit und Untüchtigkeit ist dadurch zu einer gänzlichen Unbrauchbarkeit gestempelt. Eine Beaufsichtigung von allen Ecken, ein Controlliren und Examiniren und Probelesen läßt immer nur die Frucht des Lehrens, nicht aber die der Erziehung sehen, und da von diesen Beaufsichtigungen und diesen damit verbundenen Beurtheilungen das Wohl und Wehe, der Wirkungskreis des Lehrers abhängt, so hat sich dadurch die Sache von selbst durchweg so gestaltet, daß die Lehrer nur lehrende, nicht erziehende sein wollen. Ein Treiben und Jagen der Schüler wird nothwendig, um hier einen pädagogischen Ruf zu gewinnen; es wird gespornt und gestachelt, um den Wettlauf bestehen zu können. Ob dabei hier ein Knabe stürzt, dort ein Gemüth zerknickt, hier eine Individualität untergraben, dort in dem Treibjagen die junge grünende Saat zerstört, und so der wahre Fruchthalm zertreten wird, das gilt einerlei. Die Eltern, die verständigen, seufzen über die Schulen und müssen innerlich widerstrebend und blutenden Herzens sogar an dem Hetzjagen Theil nehmen, um nur nicht gar ihr Kind aus der Schule verwiesen zu sehen, d. h. es der Gefahr auszusetzen, daß es ganz ohne Unterricht aufwachsen muß, wenn ihnen die Mittel zum Privatunterrichte abgeschnitten und versagt sind. Die letzte

Frucht aller Gymnasialthätigkeit stellen die Abiturienten dar; diese werden sorgfältig geprüft, und nach Ausfall dieser Prüfung werden die Gymnasien selber beurtheilt. Nur das Wissen kann hiedurch ausgemittelt werden, nicht aber die moralische Tüchtigkeit, und so steuert denn das Ganze mit allen seinen Theilen auf dieses Wissen hin. Doch möchte auch das noch immerhin sein, wenn man nur jedem Wissen auch sein Recht widerfahren ließe; aber es hat sich hiedurch ein ganz bestimmter Wissensumfang festgesetzt, über den hinaus das Urtheil und die Rücksichtnahme der Schule nicht reicht. Gerade im Sinne der Abiturienten-Instruction muß das Wissen sein, ein anderes gilt nicht, oder spielt durchaus eine untergeordnete Rolle, und unter diesen Wissensgegenständen stehen einige maaßgebend oben an. So steuert denn Alles trotz der erzielten Vielseitigkeit nach diesem einen Punkte hin. Geht nun ein Schüler dies Geleise nicht, so hat er nicht nur keinen berathenden Begleiter, sondern er muß wohl gar noch einen Kampf für seine eigenthümliche Richtung bestehen; und da er nun eben durch nichts gekräftigt ist, um in demselben obzusiegen, ja da er es für eine Sünde halten muß, so erliegt er und läßt sich nun am Seile der Schule fortschleppen, wird ungerecht beurtheilt und stirbt ab. Die Controlle durch das Abiturientenexamen verrückt den Schulen, dem Lehrer, dem Schüler das rechte Ziel. Die Schule will in den Augen der Behörden vor andern Schulen glänzen, die Lehrer können als Staatsbürger einen Vorwurf über Nicht-Geleistetes unmöglich gleichgültig hinnehmen, und der Schüler muß ja mit seinem Abiturientenzeugniß überall auftreten, durch dieses wird ihm ja fast ein Siegel für sein ganzes Leben aufgedrückt. So geht die Individualität der Lehrer, und damit ganz von selbst alle Individualität der Schüler unter. Dies sehen, dies fühlen die Eltern und können nicht helfen, weil die Schule auf Gesetze sich stützend verfährt; aber der Gedanke an die erziehende Kraft der Schule ist damit untergraben. Dies Schicksal trifft aber nicht blos die Schüler, sondern in einem ähnlichen Sinne auch die Lehrer. Gelehrsamkeit und Wissen müssen sie suchen, wenn sie einen erweiterten Wirkungskreis, wenn sie Bedeutung und Beförderung gewinnen wollen. Der Ausfall eines Oberlehrerexamens entscheidet über das künftige Schicksal, und der Ruf seiner Gelehrsamkeit — wenn nur nicht ein Ungeschick, Zucht und Ordnung zu halten, im Wege steht — sichert ihm ein Fortkommen und Achtung. Lehrtalent ist das Aeußerste noch, was man von ihm verlangt, und damit ist denn der Pädagoge fertig. Gelehrsamkeit holt er aus Büchern, und Lehrgeschick ersetzt er durch barbarische Strenge, oder allerhand pikante Reizmittel und Hebel des Ehrgeizes, und der Erzieher ist ganz vollendet. Wissen nur seine Schüler in den Examinibus viel, so hat er Lehrgeschick, und hält er äußere Zucht in der Schule — die Mittel sind gleichgültig, und die meisten sind ihm von der Schule vorgeschrieben und durch ihr Gesetz bedingt, — dann fehlt ihm auch an seinem pädagogischen Geschicke nichts. So bleibt denn endlich das erziehende Element aus der

Schule weg und ist selbst in den Augen der Lehrer nichts mehr. So wird denn endlich ganz natürlich auch den Eltern und den Schülern selbst das Bewußtsein gegeben, in einer gelehrten Schule komme es nur auf Gelehrsamkeit, aufs Lernen und Wissen an. Mit diesem Bewußtsein ist denn natürlich der erziehende Einfluß zu Ende, und so denn auch das Mißtrauen der Eltern vollkommen gerechtfertigt. Der Schüler lernt nichts, d. h. er taugt nichts, das ist der Wiederhall aller Klagen, während natürlich die Eltern oft ganz anderer Ueberzeugung sind, und im entgegengesetzten Falle sucht die Schule die Eltern über einen mißgerathenen Sohn damit zu trösten, daß sie ihnen erzählt, wie viel er lerne, d. h. wie gut er sei. Diesem ganzen innersten Zustande gemäß haben sich denn auch die Zuchtmittel und deren Anwendung gestaltet und sind darum eben so heillose, ja, schädliche geworden. Nur das sucht die Schule zu entfernen, was den Unterricht, oder den Fleiß, und zwar den Schulunterricht und den Schulfleiß, stört, alles Andere ist ihr mehr oder minder gleichgültig. Faulheit, oder vielmehr nur das Nichtlernen seines Aufgegebenen, und Störung des Unterrichtes wird mit Verweisung bestraft; dagegen die geheimen, schleichenden Sünden, die sich eben nicht so leicht entdecken und so offen darlegen lassen, die bestraft sie nicht, wenn daneben nur eine erträgliche Fügung in die Schulordnung damit verknüpft ist. Nicht soll hiemit gesagt sein — und das wird, wer den ersten Abschnitt vergleicht, auch Niemand für gesagt annehmen können, — als ob Strafen ein Mittel gegen dergleichen Sünden wären; sondern nur das soll ausgedrückt werden, daß auf solche Dinge, welche sich eben nicht, wie Fleiß und Stillsitzen, durch solche äußere Zuchtmittel treiben lassen, die Schule entweder gar nicht ihre Aufmerksamkeit richtet, oder mindestens gar keine Veranstaltungen trifft, dergleichen Uebel zu heilen. Das schlechte Betragen eines Schülers, wenn es vermerkt wird, hat fast immer nur die Zeit der Schulstunden im Auge. Auf die übrige Zeit des Schülerlebens, welche sich doch nicht ganz durch die schriftlichen häuslichen Aufgaben controlliren läßt, nimmt die Schule keine Rücksicht und fragt darum eben auch gar nicht darnach, was denn die Zuchtmittel für einen Einfluß auf den Charakter des Kindes äußern; und wenn die Schule ihre erziehende Wirkung weiter ausdehnen will, so wird es immer ein Verfolgen, ein Belauschen, ein Bedrohen, aber nicht ein Erziehen des Schülers. Nun sind die im ersten Abschnitte aufgeführten Zuchtmittel wirklich von der Art, daß sie, recht energisch angewandt und mit Consequenz durchgeführt, gewiß Ruhe in den Lehrzimmern und Fleiß außer denselben erzeugen können, und darum hält man dieselben für vollkommen gerechtfertigt, ja für vollendet und unentbehrlich, und wundert sich gewiß darüber, daß es Jemandem nur einfallen könne, sie für schädlich zu halten, und das Alles darum, weil das letzte Ziel des Lebens in der Schule das Wissen ist. So fühlen denn natürlich Kinder und Eltern auf allen Ecken, daß die Liebe aus der Schule gewichen ist, daß somit keine Erziehung mehr vorhanden. Es darf hier aber auch nicht unerwähnt bleiben, daß durch die heutigen Lebensverhältnisse, d. h. durch die für alle Staatsbeamten gesteigerten Anforderungen und angeordneten Examina, den Eltern gleichfalls nach und nach das Wissen ihrer Kinder als das höchste Gut und höchste Ziel ihrer Erziehung dargestellt ist, daß sie daher selber in den allermeisten Fällen ihre Erziehung auch blos darein setzen, daß ihre Kinder recht viel lernen, und so der Schule recht unter die Arme greifen und mit ihr an der Vernichtung aller Individualität, oder deren Umhüllung gemeinschaftlich arbeiten, aber ihr auch dann weiter keinen Einfluß, als den des Lehrens, gestatten.

In dieser ganzen Richtung der Zeit und der Schulen liegt es nun auch, daß die Gymnasien das wahre Erziehungsmittel, den Unterricht selber, mißbrauchen, oder doch so handhaben, daß er eher schädlich als nützlich wirkt. Welch einen Einfluß das Ueberhäufen der Schüler mit Arbeiten auf Stimmung und Urtheil der Eltern habe, das ist hinlänglich im ersten Hefte ausgesprochen, und obwohl es vollkommen hieher gehört, weil hierin wirklich der erste Keim zur Vernichtung des Zusammenwirkens zwischen Schule und Haus liegt, so möge es doch nicht noch einmal wiederholt werden. Hier soll nun noch nachgewiesen werden, wie in diesem Uebelstande wirklich der Tod der Erziehung in den Grenzen und innerhalb der Gymnasien liege. Wenn des Arbeitens zu viel ist, so wird die Lust daran abgestumpft, und da die Arbeit doch immer gethan werden muß, so führt dies eine stete unfreiwillige Thätigkeit des Schülers herbei. Der einzige scheinbare Gewinn in moralischer Beziehung ist die Selbstüberwindung, welche aus dieser immer angestrengten und gezwungenen Thätigkeit hervorgehen kann, und zwar in so fern, als der Schüler tagtäglich seine Unlust am Arbeiten überwinden muß. Doch eine Selbstüberwindung kann doch nur da Statt haben, wenn dieselbe aus freier Wahl und freiem Entschlusse, d. h. aus dem Selbst, hervorgeht. Da nun aber dieses freie Wollen auch erst eine freie Wahl, eine gewisse Art von Willkühr voraussetzt, diese aber in einer Schule unmöglich gestattet werden kann, da ihre Aufgabe viel zu groß, das zu lehrende Material viel zu umfangsreich, die Menge der Gegenstände viel zu mannigfaltig, und die Zeit dafür viel zu kurz ist (s. 1. Hft. 1. Abschn.), so ist diese Ueberwindung, welche sich zu einer Thätigkeit zwingt, oder welche gar wie hier zu einer solchen durch äußere Mittel gezwungen wird, nicht mehr von moralischem Werthe, oder vielmehr sie ist eben keine Selbstüberwindung. Da nun aber keine Zeit gestattet ist, welche für irgend eine selbstgewählte Thätigkeit verwandt werden könnte, und wenn das Nehmen einer solchen Zeit immer den Schularbeiten Abbruch thut und also eine Pflichtverletzung, ein Ungehorsam und eine Sünde ist, so muß die Schule ja sogar einer solchen freien Selbstbestimmung und Selbstüberwindung direct entgegenwirken und hebt damit die Erziehung von selber auf. Man kann dies besonders daraus erkennen, daß nur immer sehr Wenige an den ihnen freigegebenen Gegenständen, als Gesang, Zeichnen, Theil nehmen, weil sie lieber die Zeit zur Erholung benutzen, oder vielmehr, sie benutzen diese freie Zeit zu allerhand schlechten Dingen, da sie nie sich frei zu beschäftigen gelernt haben. Man kann dies auch daraus abnehmen, daß nur wenige von den Schülern musikalisch sind, obwohl das ganze Zeitalter eigentlich den Künsten huldigt. Die Eltern scheuen nicht sowohl das Geld für diesen Unterricht, als vielmehr den Zeitaufwand, der für ihre Schulkinder dazu erforderlich ist; man weiß es doch auch, in wie seltenen Fällen — wo es geschieht, da geschieht es immer zum Schaden der Schulanforderungen und ist Sünde — eine Kenntniß der deutschen Literatur erworben, oder Naturwissenschaften getrieben, oder für Physik studirt, oder sonst eine umfassendere Arbeit vorgenommen wird. Einzelne Ausnahmen beweisen gar nichts. Doch man kann sich hievon am besten überzeugen, wenn man den Zustand zweier Kinder vergleicht, von denen das eine immerwährend beschäftigt, was immer unterhalten, für dessen Zeitvertreib und Spiel immer von einem Andern gesorgt wird, und ein andres, das man sich selber mehr überläßt, dem man selbst die Langeweile läßt, um den Vortheil eines beschäftigenden Spieles durch sich und an sich selber zu erfahren: jenes wird ganz unbeholfen, ist sich oft selbst zur Last, ist immer über sich selber verlegen und verlebt ganz betrübte Tage, wenn ihm nun mit einem Male die Kinderfrau und der Gespiele fehlt, während dieses seines Lebens immer froh ist, immer weiß, was es beginnen soll, selbsterfinderisch in Spielen und Beschäftigungen, gewandt in dem nützlichen und sinnigen Verbrauche seiner Zeit geworden ist. Wie diese Frucht der Kinderstube an vielen unserer Schüler klar und deutlich hervortritt und viele Dinge des Schülerlebens erklärt, so wird ein Schülerleben seine Frucht nicht verläugnen für das künftige bürgerliche und häusliche Leben. Wie heute schon die Folgen sichtbar genug sind, welche aus dieser Unfreiheit, aus diesem Mangel an Selbstbestimmung hervorgegangen, das auszusprechen, oder auch nur anzudeuten, schickt sich nicht. Doch durch diese überhäuften Arbeiten, oder man sollte wohl nur sagen, durch so viel Arbeiten, als der Schüler gerade täglich gewältigen kann ohne Schaden für seine Gesundheit, wirkt die Schule immoralisch, oder duldet doch Immoralitäten. In dem strengen Wachen über die Leistung des Geforderten, in dem unablässigen, nichts nachlassenden Fordern des Aufgegebenen und in der unerbittlichen Strenge darin, daß ein Gebotenes erfüllt werden müsse, darin liegt anerkannter Maaßen die Energie der Erziehung, darin allein liegt das Anerziehen einer Heilighaltung der Pflicht und des Gesetzes. Diese Unnachgiebigkeit in der Erfüllung dessen, was aufgetragen ist, die ist die moralische Stärke des Erziehers; wo diese Unnachgiebigkeit nicht ist, da ist Schwäche, und da erzieht man Immoralität den Zöglingen an, da hebt man factisch den Begriff von der Heiligkeit des Gesetzes und der Pflicht auf. In dieser Lage aber ist die mit Arbeiten überhäufende Schule. Nie und zu keiner Zeit haben und werden die Schüler ganz ihre Schuldigkeit thun, denn dann bedürften sie ja eben weiter keiner Erziehung, und sie werden dieselbe um so weniger, in einer um so größern Anzahl und in desto wiederholteren Fällen nicht thun, je schwerer die ihnen auferlegten Arbeiten sind, je mehr es zu thun für sie giebt, je mehr sie nach Obigem die freie Selbstbestimmung und Selbstüberwindung eingebüßt haben. Was thut nun aber die Schule, wenn in einer Klasse 10 und 20 und 30 Schüler ihr Pensum nicht gelernt haben? Sie schreibt sie in den Tadel, oder schilt und schimpft sie Faullenzer. Doch das haben die Schüler oft gehört, und damit ist es dann gut. Was wäre zu thun? Man sollte nun die Faullenzer anhalten, daß sie nicht eher von dannen kämen, als bis sie die heute nicht gelernte Aufgabe wüßten. Ja das geschieht auch, wird man erwiedern. Es geschieht aber nicht und kann nicht geschehen, denn wenn jeder Tag volle Beschäftigung gewährt — wie es ja doch in wohl organisirten Schulen berechnet sein soll, — wo soll denn neben der heutigen Aufgabe die gestrige einen Platz finden? Entweder wird die gestrige gemacht, und darunter leidet die heutige, oder die heutige wird besser gemacht, und die gestrige bleibt liegen, und die Schule muß dazu schweigen. Ein Versäumtes ist unter solchen Umständen gar nicht nachzuholen, es würde der einmal faule Schüler immer einen Tag und bald mehre zurückbleiben, und so muß der Lehrer und die Schule, um doch endlich einmal den Schüler aus der Strafanstalt zu entlassen, ein Auge zudrücken und nachgeben in ihren Forderungen an den Einzelnen. Das wiederholt sich aber täglich, nicht bei einem, sondern bei mehren

Schülern, und so erzieht unter solchen Umständen die Schule um so größere Gesetzesverletzer, je größer sie ihre Anforderungen gestellt, und eine je größere Wichtigkeit sie ihren Aufgaben gegeben, eine je größere Nothwendigkeit der Leistungen sie für ihre Forderungen ausgesprochen hat. Diese Immoralität ist ein geheiligtes Gut aller der Schulen, die recht viel zu thun geben, recht jede Stunde des Schülers berechnen, um sie mit Arbeiten auszufüllen; denn ertrotzen und erzwingen kann die Schule dann ihre Forderungen nicht, weil es auch noch eine Gesundheit giebt, welche denn doch dem Knaben auch erhalten werden muß. Wenn nun aber nicht geläugnet werden kann, daß die geduldete Pflichtversäumniß eine Anerziehung der Immoralität ist, und wenn die Schulen es nicht läugnen können, daß sie dergleichen Pflichtversäumnisse täglich dulden müssen, so machen sie sich der Jugendverderbung schuldig. Ach, halte man dies doch nur nicht für bloße Schlußfolgen. Gehe man doch einmal ein auf die Gesinnung unserer Jugend, frage sie nach dem Begriffe von der Heiligkeit des Gesetzes — nicht mit der Wortfrage, sondern mit einer Frage an ihr Leben — und man wird sich von dem Gesagten nur zu sehr überzeugen. Aber so wenig die Schüler Lust und Zeit behalten zu einem Selbsttreiben und Selbstwählen von Beschäftigungen, eben so wenig ist Zeit und Kraft den Lehrern übrig gelassen, solche Selbstbeschäftigungen der Schüler einzuleiten und zu regeln. Eine große Zahl von Lehrstunden, die mit den häuslichen Aufgaben der Schüler sich mehrenden Correcturen nehmen die Kraft weg, und was ihnen dann noch bleibt, das müssen sie für sich verwenden, um sich im Rufe der Gelehrsamkeit zu erhalten, oder gar, denselben sich erst zu erwerben. Noch schlimmer ist es freilich, wenn äußere Noth sie drückt, Privatstunden zu geben. Dies alles weist den Lehrer immer auf sich selbst zurück, und er wird dadurch den Schülern entfremdet. Er hat mit ihnen keinen andern Verkehr, als den in den Lehrstunden, wohin sie beide gleichsam als Bestellte hinkommen und so auch wieder auseinander gehen als Leute, welche ein Geschäft mit einander abzumachen haben. Tritt ja noch etwa ein Verkehren ein, so ist es ein Revidiren und Nachgehen, was aber nicht eben erziehend wirkt. Lehrer und Schüler sind nach den Lehrstunden mit einander abgefunden, wenn der Schüler seine Aufgaben gemacht und das Aufgeben nicht gestört hat. So wenig nun aber ein Meister die Gesellen erzieht, mit denen er nichts weiter zu theilen hat, als daß er ihnen täglich tüchtig zu arbeiten aufgiebt, eben so wenig erzieht auch die Schule durch ein solches Lehrgeschäft. Vielmehr giebt dies Lehren und Lernen, wie es in vielen Stücken betrieben wird, eine Trennung der Gemüther, ein Aufheben der herzlichen Berührungen, eine Leben raubende Kälte. Die Lection ist nämlich ein Object, was der Lehrer hinwirft, und an welchem die Schüler kauen, wobei aber der Schüler nichts vom Geiste des Lehrers kostet. Darum denn auch die Gleichgültigkeit der Schüler gegen die bittende, warnende und mahnende, ja drohende Stimme des Lehrers, und darum denn die

Nothwendigkeit solcher falschen Zuchtmittel. Aus dieser Richtung, recht viel zu lehren, ist diejenige Methodik hervorgegangen, welche alle geistigen Belebungen, und welche, bis ins Aeußerste verfolgt, alle geistigen Berührungen aufhebt. Diese Methodik hat die Schulstunden fast zu bloßen Abhörstunden und die Seele der Knaben zu einem Schulbuche gemacht. Gelernt wird in manchen Lehrstunden gar wenig, weil wenig darin gelehrt wird; vielmehr muß der Schüler bereits Alles zu Hause gethan haben, und in der Schule giebt er nur Rechenschaft von seinem häuslichen Fleiße. Der Lehrer thut nur noch das hinzu, was der Schüler nicht hat verstehen oder gewältigen können. Die Menge des zu Erlernenden ist dabei nun so groß, daß die Schulstunden nicht hinreichen, auch nur den 10ten Theil beizubringen, und der Einzelnheiten in manchen Unterrichtsgegenständen sind so viele, daß das Einprägen in der Lehrstunde viel zu lange dauern und viel zu sehr ermüden würde. Darum werden dieselben zum Einprägen dem Schüler nach Hause mitgegeben, und die Lehrstunde wird eine Abhörstunde. Das ist denn aber kein Unterricht mehr, nicht einmal ein Exercitium, und so giebt es denn eben auch hier keinen geistigen Verkehr zwischen Lehrer und Schüler. Wohl aber sind diese Einzelnheiten dazu angethan, bei einem Examen recht die Lehrtüchtigkeit des Lehrers und den Schatz von Kenntnissen der Schüler darzuthun, und nach dieser Lehrtüchtigkeit scheinen wirklich heute die Anstalten zu streben. Aber wie mit dieser die Nothwendigkeit häuslicher Aufgaben gewachsen ist, so hat mit dieser Methodik auch die geistige Belebung des Schülers im Unterrichte abgenommen. Es ist möglich, daß es viele Schulen geben mag, in denen diese verunglückte Methode nicht vorherrscht; aber das Einführen von Lehrbüchern beweist doch hinlänglich die überall erkannte Nothwendigkeit solcher gehäuften häuslichen Aufgaben, denn nur diese bedingen ein Lehrbuch. Je mehr aber diese durch dasselbe erleichtert werden; je mehr es durch den Recurs aufs Lehrbuch möglich wird, den Schüler förderlich zu Hause zu beschäftigen; je mehr so der Schüler das Bewußtsein gewinnt, er habe den Unterricht des Lehrers unterm Arme im Buche; je öfter er sich überzeugt, er könne, was der Lehrer ihm biete, auch zu Hause lernen: desto größer wird die geistige Trennung von Lehrer und Schüler. Je weniger daher der Lehrer sein Lehrbuch verläßt; je mehr er daraus aufgiebt; je weniger er sie selbst noch außerdem beschäftigt: desto ferner stellt er sie seinem Geiste, und desto weniger Einfluß wird er auf ihr Gemüth behalten. Der Lehrer muß sagen, was das Buch sagt, oder er stürzt die Schüler in Verwirrung, und so spricht denn nicht mehr der Lehrer zum Schüler, sondern das Buch, der todte Buchstabe. So wird denn das Kind und der Knabe schon zu einem Bücherwurme erzogen, der denn natürlich auch nicht den Geist, sondern nur das Papier und die Buchstaben zernagt. Solch eine Speise ist daher so kalt, so todt, giebt daher keine Wärme und kein Leben und ist nur eine Scheidewand zwischen Lehrer und Schüler, und so werden denn Zuchtmittel für die Schule nothwendig, welche nicht mehr erziehen, sondern den Schüler nur noch fortschleppen. Der Eifer des Lehrers ist nun nicht ein Ereifern im Unterrichte, sondern ein Ereifern über die Versäumniß, welche sich gestern Abend der Knabe zu Schulden kommen ließ; die Tadel in den Tagebüchern sind daher meist nur Klagen über eine nicht gelernte Aufgabe, und die Lobsprüche beziehen sich meist immer nur auf eine häusliche Thätigkeit des Schülers. Daher fallen die Klagen und diese öffentlichen Tadel über Mangel an Aufmerksamkeit am meisten bei denjenigen Lehrern vor, welche nicht mehr lehren, sondern nur abhören, und daher nicht in der Schulstunde die geistige Kraft des Schülers in Anspruch nehmen, sondern nur noch die Erinnerungskraft beschäftigen; kommt es aber auf Examina an, so haben die Schüler bei solchen Lehrern immer am meisten gelernt, und die Lehrtüchtigkeit ist erwiesen. Die Wärme und Hitze des Lehrers ist daher nur ein Brennen der Knabenseele, die vorigen Tages sich in den Buchstaben der Aufgabe hinlänglich abgekühlt hat, um nicht weiter als an der Oberfläche davon erregt zu werden. Darum hilft denn dieser Eifer nicht viel, und so muß denn das äußerliche Zusammensein zwischen Lehrer und Schüler durch ein äußeres Band regulirt und gerichtet werden, und so werden denn Dinge nothwendig, welche Niemand als Erziehungsmittel rechtfertigen kann. Was aber jeder Innerlichkeit des Unterrichtes den Garaus macht, und was ihm allen erziehenden Einfluß raubt, ja dem ganzen Unterricht seinen veredelnden Werth nimmt, das sind die überall in den Klassen angeordneten Examina. Ein Schüler will ja nicht etwas wissen, um es zu wissen, sondern um ein Examen zu machen, denn dies Examen entscheidet — so wird es dem Schüler und muß es ihm vorgestellt werden, wenn das Examen nicht ein Zeit verderbender Trödel sein soll — über seine Reife zur Versetzung, d. h. es entscheidet über sein Schülerleben, wie die Staatsexamina später über sein bürgerliches Leben entscheiden. Das letzte Ziel seiner Schulthätigkeit ist das Abiturientenexamen; dies bestanden zu haben ist sein letztes, höchstes Ziel. Mit diesem Schulzeugnisse gestempelt, kann er werden, was er will; ohne dieses muß er sein ganzes Jugendleben für verloren achten. So wird der Zweck seines ganzen Lebens ein äußerer, und alle Motive seiner gesammten Thätigkeit werden äußere, denn, ehe ein Mensch jetzt durch alle Examina hindurchkommt, ist er 25 Jahr alt und darüber. Was daher nicht auf diesen Examinibus verlangt wird, was nicht dazu dient, diese brillanter zu bestehen, das interessirt die meisten unserer Schüler nicht. Kommt nun bei dem Treibsysteme der Gymnasien noch gar hinzu, daß man die Schüler immer auf Versetzung hinweist, daß man ihnen die bald bevorstehenden Examina damit also vorhält, daß man wirlich von diesen Examinibus etwas abhangen läßt; ja macht man unter Umständen dies Examen zu einem Mittel, den Fleiß der Schüler auf Momente zu erregen und sie durch diesen momentanen Fleiß sogar noch in kurzer Zeit zu einer Versetzung zu befähigen; bedingt es die Natur eines jeden Examens, daß es nur die gewonnenen positiven, man möchte sagen, äußeren Kenntnisse und nicht die gewonnene geistige Kraft erforschen kann; erzeugen und bedingen diese Examina ein ellenmäßiges, nach Pagina und Paragraphen abzuschätzendes Wissen; sind sie das Mittel, wodurch der Schüler seine Schultüchtigkeit so recht äußerlich an den Tag legen kann, wodurch er seine Selbstwerthung so recht nachweisen, nach Abschnitt und Capitel sein Wissen auftischen und seine Werthgeltung gleichsam ertrotzen kann: so überzeugt man sich hieraus hinlänglich, wie Schüler und Lehrer ganz äußerlich gegenüberstehen; wie der Schüler den Lehrer nur als einen Wegweiser ansieht, der am Querwege stehen bleibt und nicht, wie ein Führer, ihm zur Seite wandelt. Hieraus wird man erklärlich finden, warum die Schüler nicht viel lernen, trotz alles Treibens und Drängens. Sie lernen nur für ihr Examen, und wenn das vorüber ist, so hat ihnen ihr Wissen und der dasselbe ihnen bietende Lehrer weiter keinen Werth. Sie stopfen sich gleichsam zu einem Examen voll und speien es bei einem solchen wieder aus und sind herzlich froh, diese magendrückende Last losgeworden zu sein. Darum denn endlich jene betrübten Erziehungsmittel, denn es giebt weder in der Schule, noch außer der Schule einen lebendigen geistigen Verkehr. Die Schule bürdet Lasten auf von Stunde zu Stunde, macht und stempelt diese zu recht äußerlichen und die Tragkraft zu einer recht äußerlichen und den Beweggrund zu einem äußerlichen. Hat sie eine Last abgehoben, so thut sie es nur, um eine neue aufzubürden, und es scheint fast so, als beabsichtige sie gar nicht einmal eine Erleichterung der Last. Seufzend gehen daher die Schüler in die Klasse, gehen seufzend hinaus, denn sie haben die Aufgabe von Gestern ausgeschüttet und haben sich so leer gemacht — denn nach Aufsagung des Aufgegebenen wissen sie nichts mehr davon — und haben nur eine neue Bürde bekommen. So will denn endlich auch der Schüler nichts mehr vom Lehrer lernen, man möchte sagen, er verlerne auf diesem Wege sich lehren zu lassen, sondern er will lieber selber aus seinem Buche lernen, denn da verfliegt und verhallt ihm nicht das Wort, sondern er darf dabei einige Minuten träumen, und es steht noch immer vor ihm, was beim Unterrichte des Lehrers nicht so der Fall ist. Er sitzt daher stumpf beim Unterrichte und ist nicht anders zu beleben, als wenn Ehrgeiz, oder eine anderweitige Immoralität ihn erregt. Darum giebt es denn auch kein Schulleben mehr; es ist — man verstehe hier nicht unrichtig — kein belebender Geist in der Schule, der erregend wirkt, keine durchdringende Geistigkeit, die sich als ein Schulgeist kenntlich macht. Nirgend auch ein erhebendes, belebendes Vergnügen, was die Schule als solche zur erregenden Heiterkeit böte, kein Feiertag, kein Festtag, denn ihre Festtage hat sie zu Censurtagen gemacht, und an diesen schlägt sie Krallen in die Seelen der Kinder, daß sie blutig von dannen gehen. Nicht Freude, sondern nur Lob, nicht Vergnügen, sondern nur Ehre, nicht innere Wärme und gemüthliche Erregung, sondern Auszeichnung und Stacheln des Ehrgeizes bietet die Schule, und darum ist der warme Hauch eines Vaterhauses aus ihr gewichen, der durch Carcer — daß es Gott erbarm' — hineingebannt werden und durch Gesetze hineingezüchtigt werden soll. Darum sind denn auch die Schüler jeder andern Erregung Preis gegeben. Wo nur das bewegliche Herz irgend eine Befriedigung findet, wo man sich ihm vertraulich, d. h. mit ihm geistig und gemüthlich verkehrend, naht, da greift es zu, und ach, es ergreift so oft eine brennende Kohle, wo es Wärme nur zu finden meinte. Daher die Menge der Verführten, welche die Schule nicht zurückführt, weil sie mit untergeordneten äußern Kräften derjenigen entgegenwirken will, die als die verführende an dem Innern des Knaben und somit mächtiger zieht. Das Kind, der Knabe, der Jüngling sucht ein Herz, was sich ihm naht, aber nicht den kalten Verstand, der immer und immer nur demonstrirt, der wie die Herbstsonne klar leuchtet, aber nicht wärmt, und da er jenes in der Schule nicht gewahrt, so sucht er es auch nicht mehr in ihr und findet es anderswo. Darum werden denn so viele Gesetze und Vorschriften und Controllen und Aufpassereien und Nachspürungen nöthig, die die innere Kraft ersetzen sollen und es doch nicht können, sondern die nur da sind, um sich selber zu vermehren.

Eine eben so schädliche und der Erziehung entgegenwirkende Ursache ist ein anderer äußerer, nie hoch genug angeschlagener Umstand. Er betrifft den Zusammenhang der Schulen unter einander. Man scheint für diesen Zusammenhang nicht gehörig Sorge zu tragen, was man schon daraus fast sollte schließen können, daß die Obervorsteher der Elementar- und Volksschulen andere Personen sind, als die der Gelehrtengymnasien. Die Elementar- und Volksschulen haben ihre entwickelnde Richtung verfolgt und sind in weniger Zeit sehr weit vorgeschritten, ohne daß auch nur im Entferntesten die Gymnasien recht eigentliche Notiz davon genommen haben. Man kann daher gar nicht genau angeben, ob das Gymnasium da beginnen soll, wo die Elementarschule, oder da, wo die Volksschule (Mittelschule genannt) aufhört. Jedoch ist jene ersichtlich nicht weit genug reichend, um Kinder für einen Gymnasialunterricht zu befähigen, und diese ist wieder zu weit ausgedehnt, als daß man voraussetzen könnte, ein Schüler mache erst diese Mittelschule durch, bevor er das Gymnasium besuche. So empfängt das Gymnasium in seiner untersten Lehrstufe Kinder von sehr verschiedenem Alter, von sehr verschiedener Vorbereitung, Entwicklung und mit sehr verschiedenen Kenntnissen. Unmöglich kann das Gymnasium auf diese alle Rücksicht nehmen, und es scheint daher wirklich nur der einzige Ausweg möglich, daß nämlich das Gymnasium nur Lesen, Schreiben, Rechnen (in einem geringen Umfange) voraussetzt und im Uebrigen den Unterricht ganz so von Vorn beginnt, als wenn die Schüler nichts darin gewußt und nie etwas davon gehört hätten. Bei genauerer Betrachtung ist dieser Ausweg aber ein sehr übler. Die Kinder wissen mehr, als nun eben vorausgesetzt wird; sie haben allerhand Begriffe in den Vorschulen kennen gelernt und haben mancherlei Vorstellungen durch den Unterricht gewonnen, wie das nicht anders sein kann. Das Gymnasium weiß nicht, was die Kinder, nicht auch, wie sie es besitzen, nicht auch, auf welchem Wege der Entwicklung sie es gewonnen haben — denn diese Abgeschlossenheit und dies Losgerissensein der Gymnasien von der Elementarschule hat neben dem guten Glauben ihrer hundertjährigen Bewährtheit die Folgen gehabt, daß sich die gelehrten Gymnasiallehrer, die genug zu lernen haben, sich fast gar nicht ums Volksschulwesen bekümmern und daher nicht wissen, was die neu aufgenommenen Kinder gelernt, noch wie sie es erlernt haben, — und darum wird das Gymnasium nothwendig in einen Widerspruch treten in den Begriffen und in der Methode mit der Schule, welche das Kind früher besuchte. Die neuen, oft sehr gelehrten Erklärungen und Definitionen, die zum Theil schon philosophisch schmecken, diese kann das Kind nicht mit dem früher Erlernten reimen, und Verwirrung der Begriffe ist nothwendige Folge. Da nun aber fast nichts an positiven Kenntnissen vorausgesetzt wird, so muß Vieles vom Gymnasium gelehrt werden, und das geschieht denn auf eine dem Gymnasium eigenthümliche Weise, so daß ein früheres anderweitiges Wissen dem Knaben gar nichts nutzt. So tritt denn natürlich gleich neben diese Verwirrung schon eine Entmuthigung des Kindes ein. Wenn die Gymnasiallehrer und zunächst namentlich diejenigen der untern Lehrstufen die Methodik des Volksunterrichtes kennten, wenn sie sich gekümmert um die vortrefflichen, den kindlichen Kräften so angemessenen, den Geist so fördernden und belebenden Denkübungen, wenn sie sich gekümmert um die Lehr- und Lesebücher für Volksschulen, wenn sie die Schriften von Pestalozzi, Schmidt, Krause, Zerrenner, Harnisch, Diesterweg, Graßmann u. s. w. studirt hätten, es würde viel ungerechte Beurtheilung der Kinder vermieden, es würde den Kindern manche Last erleichtert, und der Fortschritt derselben sehr gefördert werden. So wird aber das Kind zum Theil dadurch überladen, daß man ein von ihm Gewußtes gänzlich ignorirt, alles bis dahin von ihm als wahr Geglaubte zertritt, den ihm bis dahin bekannten und geläufigen Weg nicht mehr verfolgt. In dieser hiedurch entstandenen entmuthigenden Verwirrung des Kindes empfindet es bald denn auch die Ungerechtigkeit gegen seine Denk- und Begriffswelt und tritt daher nur scheu noch mit seinen Gedanken hervor, ja es verzagt zuletzt an jeder eignen Selbstentwicklung der Begriffe und giebt sich natürlich so endlich ganz unthätig und todt dem stopfenden Unterrichte hin. Ja wenn die Gymnasien nur wenigstens so weit mit dem Entwicklungsgange in den Elementarschulen bekannt wären, daß sie das Kind verständen, wenn es ihnen ein früher Erlerntes vorbringt, sie könnten dann doch einer Verwirrung vorbeugen, wenn sie auch den Begriff anders zu fassen für nöthig erachten sollten; aber so ist es immer ein Abweisen und Verschmähen des Kindes und seiner Begriffswelt. Man ist versucht, es eine Grausamkeit zu nennen, wenn man sieht, wie der Lehrer alles bis dahin vom Kinde mühsam erworbene und demselben werth gewordene Wissen ganz verschmäht und als gar nicht vorhanden ansieht; wie er Ansprüche an den Willen und die Kräfte des Kindes macht, welche es nach vernünftigen Erfahrungen nicht befriedigen kann, und wie er dasselbe mit Vorwürfen der Unwissenheit überhäuft und so das Kind innerlich zerknickt. In dem unbewußten Empfinden dieser ungerechten Behandlung, in dieser Verschmähung des Wissens, in dieser Ueberladung und Verwirrung geht der Frohsinn, die Heiterkeit, die Arbeitslust, Offenheit und Vertraulichkeit gegen den Lehrer unter, und damit ist denn das wahre Erziehungsmittel auch weggeworfen, und so bedarf denn die Schule jener Hebel des Fleißes, welche sie unter andern Umständen nicht brauchen würde. Die Lehrer lassen sich nicht herab zu den Kräften des Kindes und haben somit auch keinen Verkehr mit demselben, und der Unterricht, anstatt Erziehungsmittel zu sein, bringt Trennung und Kälte hervor. Man glaube aber nur ja nicht, als könnte diese innere Nichtverständigung und die hiemit nothwendig verknüpfte Ungerechtigkeit aufgehoben, oder auch nur ausgeglichen werden durch ein Schönthun und Hätscheln mit den Kindern. Man glaube ja nicht, als ob schlaffere Zucht die Kluft zwischen Lehrer und Schüler ausfüllen, als wenn Süßheiten in den Worten und Mienen des Lehrers die innere Anverwandtschaft oder die tyrannische Behandlung der Seele des Kindes wieder aufzuheben oder doch auch auszugleichen vermöchte. Ehe man es weiß, wie ein Kind unterrichtet werden muß; ehe man die genauste

Bekanntschaft mit seiner Begriffswelt hat; ehe man weiß, welche Entwicklungswege die ihm natürlichen und leichtesten sind; ehe man nicht da anfängt, wo eine Vorschule aufhörte, und damit fortfährt, womit sie geendet, auf die Weise fortschreitet, wie sie begonnen; kurz, ehe nicht das innigste und innerlichste Band zwischen den Vorschulen und dem Gymnasium geknüpft ist: ehe wird der Unterricht kein Erziehungsmittel werden, welche Lobereien man auch anwenden, und welche Freundlichkeiten man auch gegen die Kinder annehmen möge. Ein Aeußeres hebt die innere Trennung nun und nimmermehr auf, sondern zeigt den Riß nur noch in einem grelleren Lichte.

Kommt nun noch gar hinzu, daß das Gymnasium in sich selber mit jeder Klasse eine andre Begriffsentwickelung giebt, und der Lehrer einer höhern Klasse immer so thut, als käme es hier nun ganz anders, als in der vorigen; wird anstatt der treuen Benutzung dessen, was in der vorigen Klasse gelehrt und gelernt ist, ein Neues geboten, um so dem Schüler immer eine neue Verwirrung zu bereiten, und ihm eine neue Verachtung des schon Gewußten beizubringen, und ein neues Anfangen einzuleiten; wird recht darauf ausgegangen, die alte Weisheit der vorigen Klasse als eine veraltete mit einer neuen zu vertauschen, um so dem Schüler immer das Bewußtsein eines Nichtwissens zu geben und ihn in einer Demuth zu erhalten: so ist dies eine solche Demuth, welche zur höchsten Staffel des Dünkels führt, welche ihn Alles, was ihm sonst heilig war, verachten lehrt, welche in ihm alle Pietät, alles vertrauensvolle Hingeben an das Wort des Lehrers untergräbt und vernichtet. Dieser Beweis, daß der Schüler nichts wisse, nichts aus der vorigen Klasse mitgebracht habe — wodurch man zu neuem Fleiße und neuer Anstrengung anstacheln will — ist nicht eine Demüthigung für den Schüler, sondern eine Verachtung und Vernichtung des Lehrers der vorhergehenden Klasse. Je höher der Lehrer einer folgenden Klasse sich über das Wissen seiner Schüler stellt, je mehr er ihnen im Gegensatz zu den frühern Lehrern imponirt, je gründlicher und scharfsinniger er die bis dahin vom Schüler geglaubten (durch den frühern Unterricht beigebrachten) Irrthümer aufdeckt, desto verderblicher wirkt ein solcher Unterricht; denn diese Weisheit schneidet mit menschlichem Witze die letzten Fäden der Erziehung ab, reißt den Schüler los von dem Herzen der ihm sonst achtungswerthen und theuren Lehrer, erhebt ihn über die Schranken der Schule, macht ihn selbstständig, und er wendet sich mit seinem kritisirenden Unverstande nicht selten auch keck gegen den, der mit dem Nähren dieses Hochmuthes und Dünkels ihn aus dem Herzen der Schule heraushob. So werden denn Gesetze nöthig, um den Lehrern, welche die Schüler nicht mehr unterrichten, sondern nur in den niedern Klassen beschäftigt sind, mindestens eine äußere Achtung zu sichern, und das Ding wird dadurch nur schlimmer, weil man mit einem Pflaster nicht innere Gebrechen heilen kann. Es hilft hier nun kein Hohn, keine verächtliche Behandlung, kein Nachweisen der Dummheit, diesen Nachweis lernt ja der Schüler nun auch mit; er kann ja nun auch seinen frühern Lehrern diese Dummheit nachweisen. So wird der Schüler klüger, als seine Lehrer waren, und da das Wissen die höchste Staffel des Schullebens und alles Lebens ist, so hat man hier den Quell jener Superklugheit unsrer Schüler, ihres Klügelns und Krittelns und des Wahnwitzes, als sei eine falsche Definition schon Grund genug, die definirte Sache selbst mit hinweg zu werfen und eine neue Sache zu machen; man hat hier den Boden, auf dem jener Wahn aufsproßt, der ein neues Wort für eine alte Sache nun auch schon für eine neue Sache hält. Dies Verwerfen des Gewußten und Bekritteln des Gelernten ist für Knabenseelen und Kinder ein systematisches Anlernen zur Verachtung des Bestehenden und Heiligen. Je eigenthümlicher die Thätigkeiten der Lehrer sind, je eigenthümlicher sie ihre Wissenschaften erfaßt haben, und mit je mehren Lehrern sie zugleich unterrichten müssen; je gründlicher sie selber durchgebildet, je tiefer sie hineingedrungen, je mehr alten Plunder sie aufgefunden und weggeworfen haben, je reizender und erregender der Unterricht durch dies Aufdecken wird, — geschieht es mit der Verachtung früherer Kollegen, früheren Unterrichtes, geschieht es mit Wegwerfung, auch nur mit Verkennung des Wahren in dem frühern Wissen eines Schülers, — desto entsetzlicher ist der Erfolg dieses Unterrichtes in moralischer Beziehung. Sind auch solche Lehrer und Kollegen, welche sich den Schülern gern als lumina mundi präsentiren möchten, nur Gedankendinge, und ist die Furcht vor solchen Lehrern auch ganz ungegründet, welche in der Vernichtung des früher vom Schüler Erlernten eine Größe sich zu bereiten suchen und so den Schüler innerlich mit der Schule entzweien; mag diese Furcht vor dem hiedurch herbeigeführten zerrissenen Gemüthszustande der Jugend nirgend gerechtfertigt werden; aber schon die Folgen davon, daß die ganze Schule nicht von Unten bis Oben hinauf eine und dieselbe Begriffsentwicklung verfolgt, nicht in sich selber Einheit hat, nicht durch und durch wie aus einem Geiste hervorgeht, nicht Schwächen einzelner Lehrer als wesentliche Theile der Individualität einer Schule trägt, nicht in sich selber versöhnt ist, nicht das Wissen eines Septaners künftighin in Prima noch als Unterricht des Ich's, was sie selber nur auf einer andern Entwicklungsstufe bot, mit Pietät anerkennt; diese Folgen, welche aus dem Widersprechen und aus dem Ueberheben, aus dem Vernichten und Aufbauen hervorgehen, sind von so entsetzlicher Art, sind so sehr das Gegengewicht gegen alle Erziehung, daß man eben darum allerhand immoralische Hebel hat ersinnen müssen, um nur einen Teufel durch den andern zu bannen. Die Sache ist zu wichtig, heute gerade zu bedeutungsvoll, als daß nicht daran erinnert, als daß nicht beherzigt werden müßte, welch ein Unsegen, ja welch ein Fluch ausgestreut werden kann durch ein Lehrer-Kollegium, was sich nicht gegenseitig versteht, gegenseitig achtet und ehrt, oder sich doch gegenseitig beim Unterrichte schont. Gewiß sieht man diese vielen Worte als unnütze Ereiferungen an, und das möchte eben ein sehr schlimmes

Zeichen sein. Kannst du aber nicht dem Knaben das einmal als wahr durch den Unterricht Erlernte auch als solches erhalten; kannst du nicht das, was er einmal gewußt hat, als von dir gelehrt ansehen, nicht die darin sich vorfindenden Irrthümer mit einer Scheu vor Selbstbeschämung und selbstachtender Scheu verbessern; kannst du nicht die Zweifel gegen das früher Erlernte mit dem Gedanken behandeln, als wäre es ein Nachweis deiner eignen Inconsequenz; kannst oder willst du ihm nicht in seinen Zweifeln den Frevel eines übermüthigen Selbstvertrauens nachweisen; kannst du ihm nicht zürnen, wenn er ein bis dahin Gewußtes, Geglaubtes, Empfundenes mit frevelnder Hand und frivoler Gesinnung antastet; kannst du ihm nicht Ehrfurcht vor dem Gewesenen einflößen: so magst du, Schule, dich nicht wundern, wenn dein Zögling dich selber prüft; wenn er die geschliffenen Waffen seines Verstandes anwendet, um dich selber der Inconsequenz und der Zerrissenheit zu überführen, dich selber zu bessern und zu reformiren. Hier liegt ein Arm des dämagogischen Stromes unserer Tage. Doch diese Furcht scheinen ja eben die Gymnasien nicht zu haben; denn, obwohl an einer und derselben Wissenschaft viele Jahre hindurch, in vielen Klassen von vielen Lehrern unterrichtet wird; obwohl Männer von der verschiedensten Bildung, Gelehrsamkeit, Denkart, Empfindungsweise, wissenschaftlicher Erkenntniß in einem und demselben Gegenstande neben und nach einander unterrichten, so giebt es doch nirgend ein Organ, in welchem die Entwicklung der Methodik zu einem Gemeingut gemacht werden, und durch welches eine innere Verständigung der verschiedenen Lehrer herbeigeführt werden könnte. Es ist bei so bewandten Umständen unbegreiflich, wie Lehrer zusammenwirken können, ohne sich erst selbst bis ins kleinste Detail verständigt zu haben. Ja es ist unbegreiflich, wie die Gymnasiallehrer nicht allen ihren Fleiß, alle ihre Sorgfalt und Thätigkeit darauf verwenden, den Wissenschaften eine methodische Bearbeitung zu geben, und sich unter einander durch eine gleichartige Auffassung der Wissenschaft für den Vortrag zu verständigen. Hätten die Lehrer die geringste Ahnung von dem moralischen Unheile, was sie durch Widersprüche bei ihrem Unterrichten hervorrufen, sie würden nicht die Schulstube zum Marktplatze ihrer neuen Waaren, nicht die Seele der Schüler zum Kampfsplatze mit den Kollegen machen, sondern Alles würden sie darauf verwenden, Einheit in den Lehrplan zu bringen. Nicht Pensen von Klasse zu Klasse abstecken, das hilft hier zu gar nichts, sondern die zu gebenden Begriffe müßten in allen Klassen dieselben sein. Doch es ist nicht so, und das zum Unheile der Schulen, zur Vernichtung der Pietät, und darum sind Erziehungsmittel nöthig, welche ein von der Schule gesäetes Unkraut, was im Innern wurzelt und wächst und blüht und reift, mit einem Messer ausgäten sollen, was doch nur die Schößlinge auf der Oberfläche wegschneiden kann. Man darf sich demnach nicht wundern, wenn die Schule Gesetze und Censuren und Tagebücher und Carcer als die einzigen kräftigen Zuchtmittel nöthig erachtet, weil sie ja eben durch das wahre Erziehungsmittel verzieht.

Ein anderer Quell dieser Wahl von schlechten Erziehungsmitteln ist der Umstand, daß die Schule ihre unbrauchbaren Lehrer gar nicht los werden kann. Sonst waren die Lehrer fast immer auch noch Theologen, und wenn das Lehrfach ihnen nicht zusagte, oder wenn ihnen das Geschick, die Jugend zu erziehen oder zu regieren, abging, oder wenn die jugendliche Kraft zu erlahmen drohte, dann zogen sie sich in ein Pfarramt zurück und wirkten in demselben oft um so segensreicher, je weniger sie im ohnmächtigen Treiben ihres Schulamts ihre Kraft aufgerieben hatten. So ist es heute nicht mehr. Die an den Lehrer gestellten Forderungen verbieten ein gründliches Nebenstudiren der theologischen Wissenschaften ganz von selbst, und die gelehrten Philologen müssen schon einmal, gleich viel, ob ohne oder mit Beruf, Schulmänner bleiben. Es giebt für sie keinen Ausweg, und die Schule hat auch keinen, sich derselben zu entledigen. Kann aber nun wohl der 20jährige Student schon wissen, wie ihm das Lehramt zusagen, wie es ihm gelingen werde? Hat er nun aber sein Oberlehrerexamen nach 24 Jahren gemacht, und gelingt ihm nicht, Lehrer zu sein im vollen Sinne des Wortes, was soll er nun noch beginnen? Er ist und bleibt Schulmann, wozu ihn sein abgelegtes Examen und sein Wissen gestempelt, er will sich den Namen durch fleißiges Studiren, ja wohl gar durch schriftstellerische Thätigkeit erhalten, und so hat die Schule gelehrte Männer, aber keine Pädagogen. Schlimmer noch ist es mit den Greisen im Schulamte, welche noch allenfalls die Jugend- und Manneskraft hindurch ihren verfehlten Beruf verhüllten, aber in der geschwundenen Kraft nun auch ihren pädagogischen Tod zeigen. Sie werden — es ist hart zu sagen, und doch ist es wahr — das Spielzeug muthwilliger Knaben, und das greise Haupt wird von Buben verspottet. Kann dabei noch Erziehung Statt finden, kann man von Achtung und Ehrfurcht vor dem Alter sprechen, wird nicht alle Pietät, alle Schaam vor einem Heiligen untergraben, wenn alte Männer zu der Zielscheibe des Witzes und zum Gecken einer übermüthigen, ja rohen Laune gemacht werden? Wo aber sollen sie bleiben? Pensionen giebt es nicht für sie; um fürs Alter sparen zu können, darnach war ihre Besoldung nicht; um von ihren Kollegen übertragen zu werden, dazu sind diese viel zu sehr mit Arbeiten überhäuft. So bleiben sie an der Schule, und um sie durch eine anderweitige, außer ihnen liegende Kraft schützen zu können, werden Gesetze nothwendig und alle die andern Unbilden der Schulzucht, damit mindestens eine äußere Schutzmauer um die Schwachen und Entkräfteten gezogen ist. Das pädagogische Ungeschick, wie die pädagogische Schwäche soll die Schule übertragen, und das kann sie nicht, und darum ist und kann sie kein Erziehungsinstitut sein und werden, denn sie muß dem Ungeschick, wie der Schwäche, durch nicht-erziehende, ja verderbliche Mittel zu Hülfe kommen. Man wende hier nur ja nicht ein, daß doch auch Väter alt werden und auch in ihrem Alter noch immer Erzieher der Kinder sind. Das paßt auf ein Schulverhältniß gar nicht. Der junge Vater erzieht die kleinen Kinder, der gereifte Mann die Knaben, und der ergraute führt den Jüngling an der Hand. Es sind immer dieselben Kinder, es sind diejenigen, welche den Vater in seiner Manneskraft sahen, und denen er seine Mannheit eingeimpft hat. Die Schule dagegen bietet jährlich ein neues Geschlecht, verlangt daher immer zum Regieren einen kräftigen Arm, einen rüstigen Geist; sie hat immer eine Generation, die den Greis in ihr nie in seiner Manneskraft, sondern immer nur in seiner Schwäche sah. Wie groß dieser Unterschied, aber auch von wie wesentlicher Bedeutung er sei, das kann die alltägliche Erfahrung darthun, daß nämlich Großeltern ihre Enkel fast immer verziehn, und daß einem alten Vater meistentheils die jungen Kinder über den Kopf wachsen. Die Schule bekommt immer junge Kinder, die Aufgewachsenen gehen davon, und wenn daher die Schulanstalt viele Greise und gleichsam Großväter in ihrem Erziehungsrathe hat, so wird der Erfolg nicht zweifelhaft sein, und nun soll ein ohnmächtiges Gesetz und eine unheilvolle Aeußerlichkeit dem schwachen Arme Kraft verleihen.

Schließlich darf aber auch nicht unerwähnt bleiben, daß alle diese Uebelstände im Wesentlichen noch vermehrt werden durch die Ueberfüllung der Gymnasien, und namentlich mit solchen, welche nicht sowohl eine Ausbildung, als nur einen Stempel für irgend einen Staatsdienst in ihnen suchen. Es ist die Doppelaufgabe der Gymnasien als Gelehrten- und Bürgerschule. Da jedoch dieses Umstandes schon in dem ersten Hefte mit einigen Folgen für die erziehende Seite der Schulen gedacht ist, so möge hier nur noch darauf hingewiesen werden, daß die persönliche, d. h. die wahrhaft erziehende Einwirkung erschwert, ja zum Theil unmöglich gemacht ist, und daß dieser Umstand die äußern Zuchtmittel fast nothwendig hervorruft.

Dritter Abschnitt.

Wie die Gymnasien wieder Erziehungsinstitute werden können.

Sollen hier Vorschläge gemacht werden, welche den Zustand der Gymnasien von Grund aus zu heilen im Stande sein sollen, so wird man sich nach Obigem von selbst sagen, daß dies nicht mit einigen vereinzelten pädagogischen Regeln gemacht sein kann. Denn wenn die Grundprinzipien des Gymnasiallebens die Quelle der Uebel waren, so müssen auch diese erst geändert werden, bevor einer Heilung gedacht werden kann. Nicht auch soll hier eine bis ins Einzelne gehende Schulpädagogik gegeben werden, denn dazu würden so wenige Bogen nicht ausreichen; nur in ihren Grundzügen soll hier eine Schulerziehung entworfen werden. Der prüfende Leser möge aber nicht den heutigen Zustand der Gymnasien zu Grunde legen und fragen: Was würde dieser oder jener vereinzelte Vorschlag in einem concreten Falle für eine Wirkung äußern? Man stelle sich vielmehr ein Gymnasium vor, welches durch das treuliche Anwenden aller hier folgenden Vorschläge und durch deren Gesammtwirkung erzogen wäre. Es wirkt überhaupt ein Einzelnes in einer Erziehung wenig, weder eine einzelne Strenge, noch eine einzelne Nachsichtigkeit, sondern eine erziehende Wirkung hat nur die Totalrichtung, welche dem Kinde gegeben wird. So wenig einen Körper eine dreitägige Diät allgemein kräftigt und ihn in einen gesunden Zustand versetzt, sondern nur allenfalls eine einzelne Uebelkeit mildert, vielleicht auch aufhebt, so ist dies noch weniger mit den einzelnen Erziehungsmitteln der Fall. Nicht das Verfahren in dem einzelnen Falle schadet, oder nutzt, sondern die Grundrichtung des Lebens derer, die erziehen wollen; man möchte sagen, es sei die Totalität, der Charakter, der Grundtypus des Hauses, wodurch der Knabe erzogen wird, nicht aber geschieht es durch die einzelnen Zuchtmittel. Vielmehr wird ein Verziehen Statt haben, wenn die einzelnen Strafen mit jenem Grundtypus im Widerspruche stehen, wie sehr auch das Verfahren in allen einzelnen Fällen geregelt, oder, worauf man so viel giebt, wie consequent es durchgeführt sein möge. Dieser Gedanke, der hier nicht weiter verfolgt werden kann, muß auch bei der Beurtheilung der hier gegebenen Vorschläge zum Grunde gelegt werden, indem sie eben nur diesen Grundtypus bieten wollen und sollen. Wer sich in diese Vorschläge vollkommen hineingedacht, oder, noch besser, hineingelebt hat, der wird nicht über das Unberathensein in einzelnen Fällen klagen, indem die einzelnen Fälle für die Erziehung gleichgültigere Dinge sind, als man glaubt.

Zunächst müssen nun, wenn die Schulen Erziehungsinstitute werden sollen, alle die äußern hemmenden Ursachen, deren am Ende des vorigen Abschnittes gedacht ist, hinweggenommen werden. Man vermindere dem gemäß in den Schulen die Anzahl der Schüler, was natürlich durch Gründung von neuen Schulen geschehen muß, und was noch mehr dadurch geschehen könnte, daß man Verordnungen aufhöbe, welche viele Schüler in die Gymnasien hineindrängen. So entfernt man alle diejenigen, welche nichts lernen wollen und sollen, sondern die nur nach einem Schuldiplom für irgend ein Lebensfach streben. Vermindere die Arbeitszeit der Lehrer, um ihnen die Möglichkeit, wahrhaft erziehend zu wirken, zu verschaffen; vermindere die Arbeitszeit der Schüler, um Raum und Kraft für eine Selbstbestimmung übrig zu lassen, ja um Zeit für körperliche wie geistige Erstarkung zu gewähren; dränge die Gegenstände mehr an einander, so daß erst einige vor andern abgemacht werden können, damit nicht den Kindern eine geistige Zerstreuung eingeimpft werde, damit nicht so viele verschiedene Lehrer an einem Lehrgegenstande unterrichten, wobei Widersprüche fast unvermeidlich sind. Setze die Schulen in einen gehörigen innern Zusammenhang, so daß eine aufhört, wo die andere beginnt, damit dem Schüler ein Vertrauen an dem Erlernten bleibe, und er nicht schon immer das neu Gebotene mit Mißtrauen anhört. Man sorge dafür, daß alternde, kraftlos gewordene Lehrer ein ruhiges

Alter verleben können, suche die untüchtigen Pädagogen von der Schule zu entfernen, oder vielmehr, man trage Sorge, daß nur tüchtige an dieselben gelangen. Mit einem Worte, man hebe alle die der Erziehung hinderlichen Ursachen hinweg, wodurch dann immer noch nichts weiter gewonnen ist, als daß doch mindestens nicht verzogen wird. Ist nur erst das Uebel erkannt, dann ist die Sache zu wichtig, als daß man nicht jedes Mittel, sei es noch so kostspielig, ergreifen sollte, wenn es Abhülfe böte. Dies kann nun größtentheils dadurch erreicht werden, daß man die in dem ersten Hefte gethanen Vorschläge zur Organisation von Gymnasien und von höhern Bürgerschulen verwirklicht. Schon dort sind die sittlichen Motive mehr, als die äußern, als Grund zu den gethanen Vorschlägen angegeben, ja die erziehende Seite der Schulen hat gebieterisch solche hervorrufen lassen. Möge daher hier zu dem dort Gesagten nur noch das hinzugefügt werden, was für Mittel und Wege dadurch geboten sind, um die erziehende Seite der Schulen zu beleben, ja nur wieder möglich zu machen. Die Schüleranzahl wird sich von selbst mindern, die Lehrpläne sind verengert, die Grenzen beschränkt, die Unzufriedenheit der Eltern mit den Lehrgegenständen wird aufhören, die Lehrgegenstände sind mehr an einander gedrängt, die Einheit des Unterrichtes, die einzige Möglichkeit, wie ein Erziehen gelingen kann, dadurch vermittelt, die Arbeitszeit der Lehrer verringert und auch die der Schüler, ein Zusammenhang der Schulen als Grundbedingung des Gelingens aufgestellt. Wie wir daher alles Ernstes der Ueberzeugung sind, daß nur allein auf dem dort angezeigten Wege die Vorbereitung und Grundlage einer Heilung gefunden werden könne, so werden sich natürlich alle folgenden Vorschläge nur auf den dort angegebenen Schulplan beziehen, der also vom Leser immer im Auge behalten werden muß. Sollte es hienach den Schein gewinnen, daß hier demnach ein nicht vorhandener Zustand zu Grunde gelegt werde, und somit die Vorschläge als luftige gethan würden, so möge hier — was jeder Leser wohl längst schon gemerkt haben wird — die ausdrückliche Versicherung stehen, daß der Schulplan im ersten Hefte ein erster Vorschlag ist, um Gymnasien wieder zu Erziehungsinstituten zu erheben. Wiefern wir also vor dem Gymnasium eine Elementar- und eine allgemeine Landesschule und neben dem Gymnasium eine höhere Bürgerschule uns vorstellen, wiefern dort schon, um den Zusammenhang der Schulen zu vermitteln und stets lebendig zu erhalten, die Forderung ausgesprochen wurde, daß junge Schulmänner an der allgemeinen Landesschule ihr Probejahr abmachen sollen, so muß hier noch einmal die wahre Bedeutung dieser Forderung für die Erziehung erörtert werden. Nach unserer Absicht müßten alle die an den allgemeinen Landesschulen angestellten Lehrer zugleich Kandidaten der Theologie sein, was sie aber werden müßten, sobald sie die Universität verließen, damit nicht die Arbeiten für Examina, welche oft Jahre lange Zeit erfordern, und der um dieser Examina willen gewählte Hauslehrerstand die wissenschaftliche Blüthe und Frische erst abstreife. Diese würden nun nach Maaßgabe der Kenntnisse und der moralischen Tüchtigkeit — sie würden nach unserm Schulplane nicht viel vor dem 25sten Jahre von der Universität zurückkehren, wenn namentlich noch, was wünschenswerth ist, die Forderung eines vierjährigen Aufenthaltes auf der Universität gesetzlich wäre — an den allgemeinen Landesschulen angestellt. Sie ertheilten hier wenige Lehrstunden, auf die Woche höchstens 12, und erhielten dafür ein Gehalt, daß sie davon als einzelne Personen leben könnten. Sie müßten sich nun als Hauslehrer der ihnen anvertrauten Kinder betrachten, so den Tact gewinnen, der ihnen die pädagogische Tüchtigkeit giebt, und die Pädagogen würden sich bald kenntlich machen. Jedoch müßte man diese Kandidaten nicht sich selber überlassen, sondern derjenige städtische Schulrath, dessen im ersten Hefte (S. 116. 118) gedacht ist, und der nicht da sein soll zum Actenschreiben, sondern um Einheit in das pädagogische Leben und Treiben zu bringen, der hätte die Aufgabe, genauste Kenntniß von dem pädagogischen Thun und Treiben dieser Kandidaten zu nehmen, und dazu müßten ihm die Conferenzen mit ihnen selbst und mit den Rectoren derjenigen allgemeinen Landesschulen dienen, an denen sie arbeiteten. Darum aber müßten weder dieser Schulrath, noch die Rectoren mit Arbeiten an den Schulen überladen sein, sondern ihre Zeit muß dafür noch ausreichen, die an ihren Schulen thätigen jugendlichen Kräfte für ihre Anstalten recht wirksam zu machen und dieselben im rechten Geleise zu erhalten. Würde nun nach diesem Plane die Anzahl der allgemeinen Landesschulen sehr vermehrt, und wäre das nach dem hier Gesagten mit wenigen Mitteln zu bewerkstelligen, so wäre dadurch zugleich ein Mittel aufgefunden, die Kandidaten der Theologie ihre Kandidatenjahre hindurch zweckmäßig zu beschäftigen, sie aber zugleich auch zu künftigen Predigern als Schulvorstehern auszubilden. Dieser Umstand ist nicht ohne Wichtigkeit für die Zeit, und seine Wichtigkeit ist von den höchsten Behörden anerkannt. Doch dies beiläufig nur, um wenigstens anzudeuten, daß alle die hier gemachten Vorschläge nicht blos aus einseitiger Betrachtung des Schullebens hervorgegangen sind. Da nun hier den Kandidaten hinlängliche Zeit zum Studiren, aber auch zugleich eine Anregung zu jeder wissenschaftlichen wie praktischen Thätigkeit geboten wäre, so würden sich nun auch diejenigen, welche Neigung und Geschick zum Schulamte hätten, bald die noch fehlenden Kenntnisse erwerben, welche zu dem Unterrichten an den höhern Bildungsanstalten erforderlich sein möchten. Diese Fähigkeit und Tüchtigkeit müßte aber nicht durch Staatsexamina, sondern durch die Conferenzen und durch das Zusammenleben ausgemittelt werden. Die nicht zum Lehramte tauglichen oder diejenigen, welche nicht besondere Liebe dazu hätten, würden von selbst zu den Pfarrämtern übergehen, wie es ja heute auch die Rectoren und Conrectoren der Stadtschulen und Hauslehrer thun. Was die Kirche von diesen nun noch für Examina verlangen wolle, das mag hier auf sich beruhen; aber für die Pädagogen müßten alle anderweitigen Examina bis auf die bewährte pädagogische Tüchtigkeit und eine ausgebildete Methodik wegfallen, um nicht die Lehrer, wie es eben heute geschieht, in ein gelehrtes Treiben hineinzudrängen, sondern zu dem Studium der Methodik zu nöthigen. Das wissenschaftliche Genie wird sich ganz von selbst hervorthun, und zu dem eigentlichen gelehrten Treiben kann die Schule weder Mittel, noch Zeit bieten. So würde denn auch mit der Zeit der Lehrstand seine eigentliche Aufgabe im wissenschaftlichen Leben verstehen lernen, die nur allein darin besteht, die Wissenschaften methodisch, d. h. so zu bearbeiten, daß sie Bildungsmittel für den Geist bleiben, während den Universitäts-Professoren die Aufgabe gemacht sein muß, das Feld der Wissenschaften zu erweitern. Das Land, was diese gewinnen, das müssen die Lehrer an den höhern Bürgerschulen und Gymnasien verwalten, innerlich ordnen und gestalten, damit die eroberten Provinzen nicht blos als Siegestrophäen der erobernden Helden todte Massen wären, sondern ein Gesammtgut aller im wissenschaftlichen Haushalte thätigen und in ihm genießenden Bürger; das Land, was jene der Natur abgerungen und der Finsterniß entrückt hätten, das müßten diese durch Kunststraßen mit dem alten, lange angebauten Territorium in Verbindung bringen, und so jedem zugänglich machen. Sobald aber Examina, welche nur immer das Extensive des Wissens ausmitteln können, über die Tüchtigkeit der Lehrer entscheidn sollen, so wird ihnen auch diese ihre wahre Aufgabe immer verhüllt bleiben, sie werden bleiben, was sie doch auch heute meistentheils nur sind, nämlich Stammler in der Wissenschaft und Kämpfer voller Eroberungssucht, denen aber die Heere von Bibliotheken, die Munitionen einer gefüllten Börse und die geöffneten Straßen einer ungestörten Muße abgehen, die sich demnach in ihrem Berufe nicht ganz heimisch und in ihrem anderweitigen Treiben überall gehemmt fühlen. Hätte man nun so auf diesem Wege tüchtige Pädagogen gewonnen, so kann dann von einem erziehenden Leben der Schulen erst geredet werden. Zwar ist hiemit noch nicht die Gewähr dafür gegeben, ob die an die Gymnasien und höhern Bürgerschulen versetzten Lehrer die Liebe zur Jugend und zu ihrem Berufe treu bewahren würden, es bleibt ihnen aber immer noch der Weg ins Pfarramt offen, und sollte sich auch bei diesem oder jenem die Liebe zu dem wissenschaftlichen Leben so hervordrängen, daß darüber das pädagogische Leben und Wirken unterginge, so müßte solchen der Weg zur Universität eröffnet werden. Möge man dies nicht spaßhaft finden; es wäre gewiß mancher Schule damit gedient, wenn sie statt ihrer gelehrten Männer Pädagogen hätte, und würde diesen Gelehrten sehr gern die Beförderung zum Universitätslehrer gönnen, wenn sie nur dafür Männer gewinnen könnte, welche den kindlichen Geist mehr liebten, als die Speise desselben. Welche Einwendungen man nun aber gegen diese Veranstaltungen machen werde, läßt sich nicht wohl absehen, nur die zuerst sich darbietende, daß nämlich bis jetzt solche Anstalten nicht vorhanden sind, kann nicht als gültig angesehen werden; denn sollte einmal die Richtigkeit der

Vorschläge Anerkennung finden, so ist die Revolution zur Verwirklichung derselben keineswegs so groß, daß man davor erschrecken dürfte. Wichtiger möchte der Einwand sein, daß die aufwachsenden Kinder immer in den Händen junger, sich erst bildender Lehrer wären. Man bedenke aber auch nur, daß die erregende Kraft solcher jungen Lehrer sehr wohlthätig für Kinder wirkt, daß solche eigentlich die natürlichen Erzieher von Kindern, nicht aber von Jünglingen sind. Die jetzt nicht ganz ungegründete Furcht, daß solche jungen Lehrer immer des Guten zu viel thun, zu viel lehren, zu viel von den Kindern fordern, sie mit Arbeiten überladen, ihre Kräfte überschätzen, diese Furcht wird ganz von selbst wegfallen, wenn es nicht mehr Preis der Schule ist, recht viel zu lehren, und wenn in dem viel Beibringen nicht mehr die pädagogische Tüchtigkeit und im Wissen die pädagogische, ja menschliche Reife gesucht wird, sondern wenn diese in dem Erregen des Kindes, in dem Beleben seiner Kräfte, in der Spannung während des Unterrichtes, in der Anziehung der kindlichen Gemüther, in der Erziehung und in der eignen Hingebung an die Kinder gesucht wird. Es werden dann von selbst, wenn nicht mehr das Wissen die Krone des Lebens ist, jene pädagogischen Kunststückchen und Immoralitäten, welche heute Manchem den Ruf sichern, wegfallen, und die jungen Männer werden dann, wenn ihnen selber nicht von Jugend auf die Gelehrsamkeit als das höchste Menschen- und Christen-Glück gepredigt wurde, bei weitem nicht mehr so vielen Mißgriffen ausgesetzt sein, wie heute.

Man wird aber diese Furcht um so eher schwinden lassen dürfen, wenn man die folgenden Gedanken über die innern Organisationen der Schulen beherzigt haben wird, wodurch zugleich auch das Bedenken, als würden diese allgemeinen Landesschulen nie zu einer Stetigkeit gelangen, Erledigung finden wird. Ohnehin würde an einer solchen Schule noch außer dem Director mindestens ein fest angestellter tüchtiger Lehrer arbeiten.

Vorausgesetzt nun, daß man auf diesem Wege zunächst Pädagogen nach Neigung und Geschick gewonnen hätte, vorausgesetzt, daß alle die äußern hemmenden Ursachen beseitigt wären, dann schenke man ihr wieder das entzogene Vertrauen, man controllire aber prüfe sie nicht alle halbe Jahr, man lasse sie sich individuell entwickeln und behüte sie vor Abwegen. Dann bleibt es nun Aufgabe der Schule, sich auch innerlich so zu gestalten, daß eine wahre Frucht erzielt werde. Hier stehe nun als Gesetz fest: die Schule ist zunächst eine Lehranstalt, aber als solche wird sie Bildungsanstalt, d. h. ihr Unterricht ist und bleibt das Hauptmittel der Erziehung. Dazu mittle man vornehmlich erst aus, welche Gegenstände nothwendig gelehrt werden müssen, um eine allgemeine Ausbildung des Geistes zu erreichen, und wenn das feststeht, dann untersuche man mit Gewissenhaftigkeit, nicht vom Standpuncte der Wissenschaften, sondern vom Standpuncte des menschlichen und namentlich des kindlichen Geistes, in welchem Umfange, in welcher Art des Vortrages nur allein eine geistige Bildung erzielt werden könne. Bei allen diesen Untersuchungen halte man immer daran fest, daß man nicht gelehrte Knaben und Vielwisser, daß man auch nicht Philologen, oder Mathematiker, oder Historiker, oder sonst etwas ausbilden wolle, sondern daß es ein Vorbereiten gelte für eine tiefere und philosophische Erfassung der Wissenschaften, daß man den Grund, nicht zu gelehrten, sondern zu verständigen und christlichen Bürgern legen wolle. Damit ist denn auch schon gesagt, daß das höchste Ziel alles Unterrichtens die erworbene geistige Kraft und deren Erregung und Belebung sei, und daß man dahin streben müsse, diese Kraft nach allen nur denkbaren Richtungen — nicht wissenschaftlichen, sondern geistigen — in Thätigkeit zu setzen. Hier bei dieser Untersuchung wird sich dann vornehmlich auch ergeben müssen, daß höhere Bürgerschule und Gymnasium nothwendig aus einander gehen. Die eine Schule muß für höhere Studien vorbereiten, die andere abrunden und abschließen; die eine muß den abstracten, die andere den concreten Gedanken als letztes Augenmerk haben; die eine führt bis an die Stufen der Philosophie, die andere an die Schwelle des Lebens; aber wie jene jede Philosophie als solche ausschließen sollte, so muß diese jede praktische Disciplin verschmähen. Nur erst dann, wenn diese Untersuchung geführt und abgeschlossen ist, wenn man sich durch sie gegenseitig verständigt hat, nur dann erst wird man inne werden, wie wesentlich die Trennung beider Anstalten ist, ja wie verschieden ihre Methodik werden muß. Diese hier und Heft 1. S. 68 — 75 und S. 102 sqq. angedeuteten

Grundzüge mögen hier als Andeutungen genügen, um das Gemeinte verständlich zu machen. Uebergehen wir daher noch dieses und wenden wir uns wieder zu dem, was immer beiderlei Anstalten zugleich gilt, wie es eben unser Zweck ist, so wird aus dem Angedeuteten mindestens sich von selbst ergeben, daß die Beförderung eines Schülers und eines Mannes nicht sowohl von dem Material des Wissens, als vielmehr von der Kraft, mit der er das Material zu handhaben weiß, abhängig zu machen sei. Dem gemäß muß denn der Lehrplan dahin zielen, so wenig Material, als nur irgend möglich, zu bieten. Nur das muß eingeprägt werden, was dauernd gewußt werden muß, um weiter fortschreiten zu können, nur was bleibenden Werth hat, und was unablässig nothwendig ist. Man muß nicht den Schüler zu einem Buche machen, nicht zu einer Grammatik, die über die isolirten und zweifelhaften Fälle Auskunft geben soll, man muß ihn nur wissen lassen, wo noch solche zweifelhaften Fälle, wo es noch von der allgemeinen Regel Ausnahmen giebt, und diese muß er in seinem Buche nachzuschlagen und aufzufinden wissen. Was darum eben eine Grammatik als Lehrgebäude der Wissenschaft, als ein Schulbuch nothwendig enthalten muß, um eben mit einer gewissen Vollständigkeit in fraglichen Fällen Auskunft zu geben, das ist darum noch gar nicht ein Gegenstand, der vom Schüler mit erlernt werden muß. Mit einem Worte, man muß eine Knabenseele von einem Schulbuche unterscheiden, und nicht jene zu diesem machen wollen. Es muß dem gemäß des zu Erlernenden so wenig sein, daß es dem größten Theile nach in den Lehrstunden selbst eingeprägt werden kann, damit eben wieder die Schulstunden zu Lehrstunden umgestempelt, und so der geistige Verkehr, das erregende Leben zwischen Schüler und Lehrer wieder hergestellt werde. Nur mit diesem Streben wird man erkennen können, was der Geist eines Knaben zu gewältigen, wie viel er aufzunehmen und zu verarbeiten vermöge, nur so herausfinden, was den Kindern Schwierigkeiten verursacht; denn man vergißt im gereifteren Alter nur gar zu leicht, womit ein Anfänger zu kämpfen hat, und man macht wider Willen zu große Anforderungen und wird wider Schuld ungerecht in der Beurtheilung und Behandlung. Nur auf diesem Wege kann der Lehrer zu einer Methodik gelangen, er wird immer bessern und bessern, um sein Ziel mit seinen Schülern immer leichter zu erreichen; er wird so alle die einzelnen Stellen seines Unterrichtes kennen lernen, wo er dem jungen Verstande unklar bleibt, wird so immer tiefer in die Elemente der Wissenschaft, in ihren methodischen Anbau geführt und so zu einer wahrhaften, den Geist bildenden und fördernden Auffassung derselben gelangen. Schiebt man aber, wie es heute geschieht, dem Schüler allein die Last auf die Schultern dadurch, daß man ihm im Schulbuche die zu lernenden Paragraphen anzeichnet, so hört das Lehren und alle Methodik von selbst auf, und darum hat denn der Schüler an seinem Lehrer und sucht in ihm nichts weiter, als den hölzernen Wegweiser, den er noch dazu im Finstern gar nicht einmal brauchen kann.

Bei einem solchen Unterrichten wird man denn auch erfahren, wie das Stopfen mit Materialien den Geist ermüde und den Schüler verdumme, gegen das Wissen Ekel errege und abstumpfe; man wird bald darauf geführt werden, daß alles Bildende des Unterrichtes in der Anleitung zur Benutzung des Stoffes liege. So wird die Lehrstunde wieder Uebungsstunde für den Geist sein. Dieser geistige Aufbau, den der Lehrer leitet, zu dem er das Material bietet, zu dem er den Grundriß und die Bleiwaage und das Senkblei in der Hand hält, dieser wird dann das erziehende Element sein. Je mehr sich der Lehrer bemüht, dem Schüler die Arbeit, das Handlangen, das Anschleppen der Bausteine zu erleichtern; je mehr er es sich angelegen sein läßt, die Kräfte der Seele in Thätigkeit zu setzen; je mehr Liebe er zu der sich entwickelnden, und je mehr Freude er an der erregten und entwickelten Kraft empfindet; je mehr es ihm Ernst ist, den Schutt, den das herbeigeschleppte Material liefert, aus dem Wege zu räumen; je freier er die aufgeführten Mauern sich erheben, je mehr die Stoffe aus ihrer Isolirtheit verschwinden und nur als Backsteine zum Aufbaue erscheinen läßt: desto mehr wird er mit seinem Unterrichte erregen; desto tiefer wird er die Seele der Kinder in den Gegenstand versenken; desto mehr Liebe für Wissenschaft und wissenschaftliches Leben einflößen; desto mehr die Seele für die Herz reinigende und erhebende Beschäftigung mit der Wissenschaft gewinnen; desto engere Bande wird er zwischen sich und seinem Schüler knüpfen; desto mehr diesen sich anziehen;

mit einem Worte, desto mehr wird sein Unterricht erziehend sein. Man darf mit Vertrauen hinzusetzen, daß alle die unsittlichen Hebel des Fleißes füglich entbehrt werden können, wenn nur erst der Lehrer wahrhaft Lehrer sein will, wenn er nur nicht mehr darauf ausgeht, ein Wissen, sondern geistige Kräfte hervorzurufen, wenn er nur erst sich und nicht immer dem Schüler die Last aufbürden will, wenn er nur erst den Menschen im Kinde mehr liebt, als seine Wissenschaft und seinen Lehrerruhm. Dies Ziel der Erziehung im Unterrichte ist aber nur erreichbar, wenn alle Lehrer nach einem und demselben Plane unterrichten, wenn nicht einer fordert, was der andere nicht hat geben wollen, und der eine nicht voraussetzt, was sein Vorgänger nicht hat lehren dürfen. Bis ins kleinste Detail hinab muß die Menge des Materials und die Form, in der es gegeben ist, allen Lehrern bekannt sein, damit nirgend ein Widerspruch zwischen den Lehrern entstehe. Dies ist Grundbedingung eines Zusammenwirkens und Zusammenlehrens, wenn der Unterricht als solcher erziehend werden soll, und wenn mehre Lehrer in den Elementen neben einander unterrichten, so müssen sie von Woche zu Woche genau wissen, wie weit jeder vorgeschritten; mit einem Worte, es muß vollendete Einheit in dem ganzen Unterrichte sein und so gestaltet sein, daß es den Anschein gewinnt, als wenn Alles nur ein Lehrer lehrte, und als wären die verschiedenen Individualitäten der Lehrer nur verschiedene Stimmungen und Zustände eines und desselben Lehrers. Diese Einheit Aller, dieses Wissen von Allem was Jeder, und wie er es treibt, muß den Zustand herbeiführen, daß eigentlich alle Lehrer in allen Gegenständen unterrichten, und nur als ein Zufälliges muß es dem Schüler erscheinen, daß der eine nun eben Mathematik, der andere Sprachen, und ein dritter ein Drittes lehrt. Aber wie, soll denn jeder Lehrer jedes wissen? Soll der Philologe auch Mathematiker und Historiker und umgekehrt sein? So viel soll und muß er als Lehrer wissen, wie von seinem Schüler verlangt wird, denn von dem soll nur das Wissensmaterial verlangt werden, was zum Treiben einer Wissenschaft unentbehrlich ist, und alles Plagen mit Einzelnheiten soll aufhören; er soll ja nicht mehr Schulbuch sein. Sollte denn diese Anforderung an die Lehrer zu hoch sein, welche nach dem heutigen Maaßstabe für den Schüler viel zu niedrig erfunden wird? Sollte nicht mindestens jeder Lehrer ein Abiturientenexamen machen können, oder sollte man dies nicht in jedem Gegenstande fordern dürfen, wenn er es unternimmt, mit Andern gemeinschaftlich die Schüler so weit auszubilden? Doch das versteht sich zu sehr von selbst als Grundbedingung eines Zusammenwirkens, daß nur der Gedanke an die eignen Studien, wie sie heute jeder Lehrer mehr oder minder treibt, davor erschrecken läßt. — Fragt man nun aber, wie ein solcher Zustand herbeizuführen sei, so ist die ganz einfache Antwort die, daß das Ziel schon erreicht ist, wenn sich nur erst alle Lehrer von der Nothwendigkeit überzeugt haben, wenn nur erst alle mit ihrem Unterrichte und zwar gemeinsam erziehen wollen. Doch fehlt es auch nicht an äußern Mitteln, dies zu bewerkstelligen, oder doch zu fördern. Die jährlichen Schulprogramme, die in ihren Schulnachrichten fast alljährlich in allen Gymnasien dasselbe enthalten, und die in ihren wissenschaftlichen Abhandlungen nur Brocken geben können, welche sich unter der Menge der im wissenschaftlichen Speisesaal aufgetischten Gerichte verkrümeln, diese Programme, welche nur manchen Lehrer noch zu einer unfruchtbaren, zeitraubenden, gelehrten Arbeit verführen, könnten füglich entbehrt werden. Das Geld aber, was die Gymnasien darauf jährlich verwenden, müßte zusammengeworfen, und damit ein Journal für Methodik und Pädagogik gegründet und erhalten werden, welches denn auch jeder Lehrer sich anzuschaffen verpflichtet sein müßte. In diesem würde das nothwendig zu lehrende Material, die Methodik des Unterrichtes, die methodische Bearbeitung der Wissenschaften und einzelner Zweige derselben und die Pädagogik dargelegt, und so der Grund zu eigentlichen allgemeinen Schulbüchern und Werken über Erziehung niedergelegt, welche dann aus dem Leben der Schule herausgewachsen und der Seele der Kinder abgemerkt wären. Es würde durch diese Veranstaltung den Lehrer-Conferenzen Stoff zur Berathung geboten, und das Interesse aller Lehrer würde für diese wesentlichsten Dinge der Schule wieder erregt werden. Doch so lange man sich für unverbesserlich hält und jene Erinnerung und Aufmunterung zum Bessern der Methode für eine Beleidigung hält, so lange ist auch durch kein Mittel etwas zu beginnen. Wäre man aber zu einer solchen vollkommenen Einheit im Unterrichte gelangt, es würden nicht allein alle die moralischen Uebel, welche das Gegentheil hievon erzeugt, unterdrückt und vernichtet sein, sondern man würde sich bald durch den Erfolg überzeugen, daß die Furcht, die Schüler möchten nun weniger wie bisher lernen, durchaus nur eine scheinbare sei; vielmehr würde man bald inne werden, daß der lebendige Verkehr zwischen Lehrer und Schüler während der Lehrstunde, daß das Geben und Nehmen des Geistes eine Anhänglichkeit an den Lehrer, oder doch mindestens das Bewußtsein erzeugen werde in dem Schüler, daß er sein Wissen dem Lehrer und nicht sich selber, seinem Fleiße und seinem Schulbuche verdanke. In diesem Verdanken liegt eine große erziehende Kraft, in ihm liegt die erste Folge der Innerlichkeit in dem Lehrer- und Schülerverhältniß, welche die Erziehung allein wieder in einem erweiterten Sinne möglich macht. —

Ist nun so durch den Unterricht dieser lebendige Verkehr zwischen Lehrer und Schüler eingeleitet, wird sich der Schüler der Einheit der Schule bewußt, hat aller Widerspruch der Lehrer und aller Kampf der Wissenschaften, alles Vordrängen des Einen vor dem Andern, alles Wetteifern zwischen den Lehrern, hat alles Ueberladen, Stopfen und Drängen aufgehört; hat man die Schulstunde zu einer Uebungsstunde des Geistes gemacht, ist ein reges Leben beim Unterrichten, gehören die Seelen der Kinder während des Unterrichtes wieder dem Lehrer und nicht dem Schulbuche an, und sind so die belebendsten Fäden wieder angeknüpft: hat die Schule in den todten Buchstaben wieder ein Herz gepflanzt: so erzieht sie schon mit Zuchtmitteln, gegen welche sich keine Mode, keine Sitte, kein Zeitgeist, keine Weltzerstreuung sträuben kann. Es hat sich die Schule in der Seele der Kinder ein Feld erobert, was ihnen Niemand und kein Ding streitig macht. Von diesem Felde aus kann sie nun weiter gehen, und sie thue es so,

> daß sie sich als Schule zu einer Person erhebt und die Schüler an diese Persönlichkeit fesselt, und daß diese Person die Schüler zur Kirche führt.

Nicht ein Staat im Staate sei die Schule, sondern eine Art Mittelglied zwischen Vaterhaus und Kirche. Jenes Führen in die Kirche ist aber nicht so zu verstehen, wie man Sclaven und Knechte und gehorsame Diener in das Gotteshaus schickt, sondern die Schule soll dem Geiste eine kirchliche Weihe, oder doch eine Sehnsucht nach der Kirche einflößen. Die Geführten müssen im freien Gehorsam den Weg einschlagen und im Gehorsam gegen das Gesetz ihren eignen Willen kund thun. Es können hier unmöglich Einzelnheiten Platz finden, sondern sie gehören dahin, wo man diesen Erziehungsweg zu betreten begonnen hat, und sie ergeben sich dann leicht von selbst, wenn man diese Richtung und dies Ziel als das wahre erkannt hat. Daher hier nur einige allgemeine Gedanken, wie dieses Ziel zu verstehen sei. Es versteht sich zunächst ganz von selbst, daß die Schule nicht Vaters Stelle bei denjenigen Schülern vertreten und übernehmen, kann, deren Eltern am Orte des Gymnasiums wohnen, sondern nur bei denen, welche als Fremdlinge und gleichsam Verwaiste das Gymnasium besuchen. Schon um der Conflicte willen mit den anwesenden Eltern muß sie sich zu den Schülern, deren Eltern eben anwesend sind, ganz anders stellen, als zu denen, welche keine elterliche Aufsicht haben. Schon dieser eine Umstand verbietet jedes Schulgesetz, denn das Gesetz kann keine Ausnahmen mehr machen, ohne aufzuhören, Gesetz zu sein; wohl aber sind und bleiben die Eltern allein verantwortlich für die Moralität ihrer Kinder, wie die Schule es aber auch bleibt für diejenigen, die ihnen nicht blos zum Belehren, sondern auch zum Erziehen anvertraut sind. So vermindert sich denn die Zahl der Schüler, auf welche sich der erweiterte erziehende Einfluß der Schule erstrecken soll, noch wiederum sehr; nur versteht es sich ganz von selbst, daß auch die einheimischen Schüler von keinem Thun und Treiben der Schule ausgeschlossen sind, falls die Eltern nach und nach die Ueberzeugung gewonnen haben, daß die Schule eine erziehende Kraft entwickle. Auch rechne man noch hinzu, daß durch Errichtung der höhern Bürgerschule die Lehreranzahl sehr vermehrt ist, um nur die Ausführbarkeit der folgenden Vorschläge zu begreifen. Die folgenden Einzelnheiten werden sich von selbst kenntlich machen, ob sie für alle Schüler, oder besonders nur für die dem Gymnasium zum Erziehen anvertrauten Schüler gegeben sind, und wird die nähere Bestimmung darüber unnöthig sein. — Die Schule soll eine Person sein und den Schüler an diese Persönlichkeit fesseln, das war die erste Bedingung der Erziehung. Am meisten wirkt dazu jener oben beschriebene Weg des Unterrichtes, dieses Gesammtwirken, diese Einheit. Dies ist gleichsam der Verstand und die Vernunft, es ist die intellectuelle Seite dieser Schulperson. Doch wie neben dem Verstande zu einer Person noch ein Herz, ein Gemüth gehört, so habe denn auch die ganze Schule Ein Herz und bringe dieses dem Schüler entgegen, d. h. es müssen die Lehrer unter einander Liebe haben, welche ihren Einigungspunkt, wie ihren Quell, in der Liebe zu den Zöglingen haben wird. Der Lehrer erscheine nie, nirgend, von keiner Seite her als eine vom Staate hingestellte Person, bringe nicht blos sein Amtskleid in die Schule und übe in ihr blos seine Amtspflicht, sondern er bringe seine Person mit hinein, und ist diese seine Persönlichkeit nicht so angethan, daß er sie mitbringen darf, dann bleibe er aus der Schulstube weg. Die den Lehrer und die Lehrerschaft betreffenden Ereignisse muß der Schüler, muß die ganze Schule empfinden. Die Schule muß jedes fröhliche wie ernste Ereigniß in dem Leben der Lehrer ergreifen und die Theilnahme der Schüler dafür wecken. Der Schüler muß mit dem Lehrer weinen und lachen, mit ihm ernsten und scherzen, mit ihm jauchzen und klagen. So ist es im Vaterhause. Gleicherweise aber muß auch das Leben und das Schicksal einzelner Schüler in den Kreis der Schule hineingezogen, es muß das Gemüth der Lehrer davon erregt, und durch sie das der Schüler miterregt werden. Ernstliches Erkranken eines Schülers und namentlich des bessern, der Verlust seiner Eltern, sonstiges Unglück des elterlichen Hauses, das muß die Schule nie unbeachtet vorübergehen lassen, und hat sie ein Herz für ihre Schüler, sie wird es ja nicht können und wird dann schon von selber den Weg und die Art und Weise herausfinden, wie sie es thun muß. Durch diese gegenseitige, nicht blos Wort- sondern Herzenstheilnahme muß die Lehrer- und Schülerschaft in einen großen Familienband hineingezogen werden, welcher durch die in der Theilnahme sich aussprechende Liebe zusammengehalten, empfunden und gestaltet wird. So ist es im Elternhause, wo die Liebe der Geschwister nicht durch den Blutstropfen, sondern durch diese stete Theilnahme für einander, wo die Einheit und Einigkeit nicht durch das strenge Gesetz, sondern durch das Mitempfinden aller Schicksale eingepflanzt und genährt wird. Wie reich ist nun hier die Schule, wie mannigfaltige Seiten des Herzens können hier angeschlagen, wie viel Wärme kann hier genährt, wie viel Herz und Gemüth hier angebaut werden. Die Schule als solche muß ihre Fest- und Trauertage haben, dieselben aber nicht vom Katheder mit Prunkreden, sondern im gemüthlichen familienartigen Beisammensein der Lehrer und Schüler feiern; sie muß sich nicht wie eine geschmückte Buhlerinn zum Beschauen des Publicums hinstellen, sondern wie die verschämte Jungfrau, die ihre eignen freudigen Regungen des Herzens mit holder Schaam verbirgt. Die Schule und Schulfamilie muß des frohen, oder traurigen Ereignisses inne werden, und freuet euch nur, erst ihr Lehrer, in der

Schule, seid nur erst eins geworden in der Liebe zu der euch anvertrauten Jugend, es wird sich der Festtag ganz von selbst, ohne Formalität, ohne sonderliche Anstalten und Vorbereitungen, ohne Lärmen und Prangen veranstalten. Um die Theilnahme von Kindern und Jünglingen zu gewinnen, bedarf es nur wenig, man darf nur die eigne wahre Empfindung eines offenen, theilnehmenden Herzens sehen lassen, und die Mitempfindung bleibt nie aus. Allerdings kann von einem solchen Leben der Schule bei dem heutigen gesetzlichen Zuschnitte nicht die Rede sein, wo man nicht mehr nach der Gesammtwirkung, nach der Gesammtfrucht gefragt wird, sondern wo man jede einzelne isolirte Handlung vor dem Gesetze muß rechtfertigen können. Eine solche Schulerziehung kann natürlich nicht eher eintreten, als bis von Staats wegen den Lehrern das Vertrauen geschenkt ist, was den Eltern und jedem Familienvater in Beziehung auf die Erziehung seiner Kinder eingeräumt ist. Es müßte der Schule überlassen bleiben, wie sie ihre Schüler, durch welche Mittel sie dieselben erziehen wolle, denn nur in der Sicherheit des ihr geschenkten Vertrauens kann sie sich der Herz tödtenden Gesetzesgenugthuung und dem durchs Gesetz geheiligten und das Gemüth ertödtenden Formgange entwinden. Selbst dem einzelnen Lehrer muß eine Freiheit des Wirkens gegeben werden, damit er nie als ein Verpflichteter dem Knaben erscheine, der nur dies und das rede und thue, weil es die Pflicht von ihm verlange. Der Schüler muß in allem Thun des Lehrers eine Liebe zu sich erkennen, und aus dieser Liebe wird das Thun eines Lehrers hervorgehen, wenn nicht erst überall nach dem Warum gefragt wird. Nicht soll hiemit der Willkühr Thür und Thor geöffnet werden, vielmehr soll und muß die Behörde die Resultate und Früchte der Schulen in allgemeinen Zügen feststellen und beobachten, ob dieselben erreicht werden, und dahin sorgen, daß immer wieder Lehrer gewonnen werden, die eines solchen Vertrauens werth sind, und auf die anderweitige Versorgung derer Bedacht nehmen, welche nicht mehr mit ganzer Seele sich der Jugend hingeben und somit das ihnen geschenkte Vertrauen nicht mehr rechtfertigen. Ist es aber zu einem solchen Leben in der Schule gediehen, lieben die Schüler die Persönlichkeit des Lehrers, fühlen sie sich in dem gemüthvollen Leben der Schule erregt und erwärmt, ja werden sie sich ihres eignen Herzenslebens in der Schule wahrhaft bewußt, dann ist die vermißte Pietät von selbst da, es ist Alles da, was heute unserer Jugend fehlt, es ist gewonnen, was gewiß durch keine Staatsgefängnisse und Criminal-Untersuchungen gewonnen wird. Die sittliche Schaam ist dann die Strafe und die Führerinn, und es bedarf aller der Immoralitäten der heutigen Zucht nicht. Es giebt dann kein Widerstreben, sondern ein Hingeben; es bedarf dann keines Nachspürens, sondern die offene Vertraulichkeit wird sich einstellen, und mit ihr ist dem Lehrer die Lenkleine zur Erziehung in die Hand gegeben. Es bedarf nicht des Notirens der Vergehungen im Tagebuche und eines Rubricirens der Sünden; es fürchtet dann der Lehrer nicht mehr, er könne begangene Fehler vergessen, denn dies Vergessenmachen von Seiten des Schülers ist ja Alles, Alles, was die Schule nnr erstreben kann und mag. Durch dies an sich Ziehen der Schüler erzieht der Lehrer eben und durch dieses allein; es bedarf dann keiner besondern Zuchtmittel mehr, sondern seine persönliche Werthgeltung, seine Moralität, seine Liebe zu Gott, zum König, zum Vaterlande, seine christliche Frömmigkeit ist dann das Erziehungsmittel, und der Umgang mit dem Schüler ist der Weg, auf dem er dies demselben einimpft. Dann ist der Besuch des Lehrers auf der Stube des Schülers nicht mehr eine Untersuchung, sein Nachgehen nicht mehr ein Nachspüren, seine Kenntnißnahme nicht mehr ein Spioniren, sein Nachfragen nicht mehr ein Verhör, sein Schweigen nicht mehr, wie heute, ein Nichtwissen und sein Verzeihen nicht mehr, wie heute, eine Schwäche, sondern es ist aufrichtige Theilnahme an dem Leben und Gedeihen des Schülers, es ist der Wunsch zu helfen, zu warnen, zu heilen, zu retten. So wird denn nicht aus dem Vergehen eines Einzelnen ein allgemeines Uebel abgeleitet, und darauf ein allgemeines Gesetz gegründet, mit dem man morgen schon wieder um eines andern Falles in Widerspruch gerathen muß, und das dadurch dann vernichtet werden muß, wobei die Schule sich lächerlich und ihr Gesetz verächtlich macht, sondern ein persönliches Behandeln des Schülers tritt ein, worin mehr mitredet, als das schallende Wort, die dröhnende Stimme, oder die barsche Miene. Gegen solche Zuchtmittel sträubt sich keine Mode, kein Zeitgeist, vielmehr wird sich das Mitwirken der Eltern dazu gesellen, und die Emancipation der Knaben hat aufgehört. Erziehungsmittel, Förderungsmittel sind nun in reichem Maaße ohne Tagebuch, ohne Censur und Carcer vorhanden; sie fließen nun vom Herzen zum Herzen im lebendigen Strome und befruchten mit lebendigem Wasser, das in das ewige Leben quillet. Es fallen von selbst hinweg alle die leeren Aeußerlichkeiten der hochgerühmten Schulauctorität, dies Imponiren, Poltern, Grandezziren, dieser Krückstock und diese Perücke der Erziehung, welche den Lehrer zur Vogelscheuche im Erbsenbeete und Waizenfelde machen, wodurch man denn zwar die flüchtigen Sperlinge verscheuchen, aber den tief sich einfressenden Mehlthau nicht abhalten kann. Es bedarf nun kaum noch der Erwähnung, daß sich ganz von selbst jede Strafe zu einer persönlichen, jedes Gebot zu einem persönlichen, und so auch jedes Vergehen zu einem persönlichen gestalten wird. Der Lehrer, die Schule straft nicht um eines Gesetzes willen, sondern um den Schüler zu bessern; sie will nicht einem Gesetze genug thun, einer Vorschrift Geltung, einer Anordnung Dauer verschaffen, sondern sie will den Schüler zu einem sittlichen Wesen erziehen. Sie sucht nun ihre Gerechtigkeit nicht mehr in der Ungerechtigkeit, die man als Gleichheit vor dem Gesetze bezeichnet, sondern in der Erwägung der Persönlichkeit, in der Erwägung aller auf den Knaben einwirkenden Ursachen und Verhältnisse. Es ist keine Strafe ge- und verboten, der Lehrer als Person straft hier, er straft aus Liebe, er wird hart aus Liebe zum Schüler, er züchtigt körperlich, weil ihn der Unwille, der moralische, weil ihn der fromme Eifer für das Wohl des Kindes dazu hinreißt. Der Lehrer sagt nicht mehr, es ist mein Prinzip, jeden Trotz mit Ohrfeigen zu beugen, für eine Anzahl von Vergehungen diese oder jene Strafe eintreten zu lassen; er überlegt nicht vorher, was zu thun, wenn dies und das sich ereignet, kurz er entwirft sich keinen Straf-Codex, sondern der Umgang mit seinen Schülern, der geistige Verkehr im Unterrichte, die gehegte und gepflegte Theilnahme von beiden Seiten, die gemüthliche Erregung und Einigung von beiden Seiten, die hat ihm ein Herz für den Schüler gegeben, was ihn schon lehren wird, was in diesem oder jenem Falle zu thun sei, und wenn ein solches Herz sich dann des Unmuthes nicht erwehren kann, dann dictirt es ihm die Strafe von selbst, und gewiß die richtige, die wirksame, die heilende. Solches Herz fragt nicht, ob es in Prima, oder in Sexta sei, und darum ist es in seiner scheinbaren Willkühr gerecht, gerechter, als je das erziehende Gesetzbuch werden kann, und nie wird es den Trotz durch seine Strafen hervorrufen, nie etwas thun, wodurch das Widerstreben und die Widersetzlichkeit der Schüler erregt wird, sondern es wird Alles vermeiden, was nur irgend wie zu einer solchen Disharmonie, zu einem solchen Beugen und Brechen des Nackens Veranlassung giebt, und wird dadurch eben viele Untugenden und schädliche Richtungen der Knaben untergraben. Darum aber darf auch nie ein Vergehen bei einem Lehrer durch einen andern, etwa den Ordinarius, oder den Director, oder gar durch die Conferenz bestraft werden; die Strafmittel müssen allein in der Hand jedes einzelnen Lehrers bleiben und von ihm allein gehandhabt werden, sie müssen persönliche sein und bleiben. Welche Strafen jeder anwenden wolle, das ist durchaus ganz gleichgültig; eine Strafe ist immer nur dann moralisch wirksam, nur dann bessernd, wenn sie der Ausdruck eines persönlichen Unwillens und eines Unmuthes ist, den die Liebe gegen den Gestraften und der innerlich empfundene Abscheu vor dem Vergehen eingegeben hat. Wenn der Vater als die höchste Strafe ein Scheltwort hat, und die Mutter dagegen, da sie mit wenigen Mitteln nicht ausreichen kann, die Ruthe nimmt, so wirken beide mit ihrer Strafe ganz dasselbe. Die letzte, am seltensten angewandte Strafe ist dem Kinde ein Maaßstab für die Vergehungen; wenn die Mutter die Lüge des Kindes mit einem Verweisen in die Ecke, und der Vater dieselbe mit einem betrübten, aber schweigenden Kopfschütteln bestraft, so wirken diese äußerliche und innerliche Strafe durchaus dasselbe, sie sind ein Maaß des Vergehens für das Kind. So muß es auch in der Schule sein; jeder Lehrer muß nach seiner Individualität strafen, und es muß keinen Normaltypus geben. Aber welche Widersprüche muß dies geben, und wie kann hierbei Einheit und Zusammenwirken bestehen? so fragt man vielleicht verwundert. Und dennoch. Darin müssen nur Alle einig sein, was für Vergehungen als die gröberen und gröbsten anzusehen sind; darin nur müssen alle Lehrer einig sein, was sie als Sünde anzusehen haben. Das allein ist der Widerspruch in dem Erziehungsgeschäfte, wenn der eine einen Dintenklecks, oder einen Fleck an der Wand, der andere anständiges und sittiges Benehmen, ein dritter demüthiges Betragen, ein vierter Fleiß und Wissen, und ein fünfter die reine kindliche Gesinnung, die fromme Hingebung des Herzens fürs Höchste hält; darüber, was denn eigentlich die höchsten Tugenden des Schülers seien, muß Einigkeit herrschen, darin muß die Schule Einen Sinn, Ein Herz beurkunden, nicht aber in den äußern, nur maaßgebenden Dingen, in der Strafe. Diese Einheit zu erreichen, ist Aufgabe der Conferenzen, des Directors, des Lehrerlebens. In dieser Einheit allein liegt ein Zusammenwirken, und nicht in dem Aussinnen einer und derselben Strafe auf ein und dasselbe Vergehen; denn mancher Lehrer kann manche Strafe gar nicht executiren, ohne sich lächerlich zu machen, oder ohne mit seiner ganzen Individualität in Widerspruch zu gerathen, d. h. ohne sich seinen ganzen erziehenden Einfluß zu nehmen. Im Ziele sei die Schule Einheit, in moralischer wie in wissenschaftlicher Beziehung; die Fußwege, welche jeder dabei einschlägt, sind gleichgültig und müssen jedem überlassen bleiben. — Fragt man nun aber zweifelnd, wie sich das Alles solle bewerkstelligen lassen, so möge darauf die ganze Lehrerwelt antworten. Ein Einzelner kann nur Einzelnheiten hinstellen, und diese gewinnen immer, wenn der Zweifel sie betrachtet, einen komischen Anstrich und können leicht ins Lächerliche gezogen werden. Um aber mindestens Einiges anzudeuten, so denke man sich zunächst ein Lehrer Collegium, was, durch die Liebe zu der ihm anvertrauten Jugend verbunden, Ein Kopf und Ein Herz ist. Da tritt nun in einer Familie ein frohes Ereigniß ein, die Familie feiert es, oder, geht es nicht, so feiert es der eine, oder der andere, oder es feiern alle Lehrer in ihren Familienkreisen. Ein Spaziergang ins Freie, ein Spiel heitert die daran theilnehmenden Schüler auf. Die Schule muß darauf sinnen, wie sie einen solchen Aufenthalt für die Schüler würze. Spiele müssen ersonnen werden, welche geistreicher, als die Gesellschaftsspiele und etwas mehr enthalten müßten, als die Uebung körperlicher Gewandtheit. Würzet dann ein solches Fest noch ein Gesang, im Winter auch Musik, darf man den anständigen Tanz ja nicht dabei fliehen, so kann man ja mit den Knaben spielen, singen, musiciren, tanzen und so froh sein, wie es ein Vater unter seinen Kindern ist. Hieher gehört dann das Regeln der feinern Lebenssitten, des geselligen Umganges, des Anstandes. Doch genug, die Lehrer, welche Lehrer im vollen Sinne des Wortes sind, werden das von selbst schon wissen, und wenn es erst nach und nach alle sind, so werden sich die Schüler ganz von selbst unter die Lehrer nach eigner Wahl und Neigung vertheilen, je nachdem einem Schüler diese, oder jene Individualität mehr zusagt. Wenn einem Schüler, der sonst in diesen Kreis gehörte, ein trauriges Ereigniß zustieß, so werden diese Feste von selber einen ernstern Anstrich bekommen, und die oben gedachte innerliche Theilnahme wird hier sich als eine äußerliche in der Gestaltung des Zusammenseins offenbaren. Solche Feste benutzet der Lehrer, den Schüler einen Blick thun zu lassen in sein eignes ernstes und gemüthliches und thätiges Leben, und das wirkt und erregt und belebt mehr, als alle Instigationen. Es schließe der Lehrer sich hier dem Schüler auf in seiner ganzen Individualität, wolle hier nichts scheinen, nichts repräsentiren, nichts bezwecken, nichts erstreben, er wolle menschlich, väterlich unter den Kindern sein: er wird dadurch den Schlüssel zum Leben, zu den Neigungen, zu der Gedankenwelt, zur Erkennung der Individualität seiner Schüler gefunden haben. Er wird ihnen dadurch näher kommen, sie besser verstehen, sie richtiger beurtheilen, sie gerechter behandeln, sie sichrer führen, sie erziehen können. Haben sich nun alle Lehrer mit den Schülern auf diesen Fuß gestellt, dann wird der Schüler dem Lehrer, wie das Kind dem Vater, den Weg anweisen, wie es behandelt sein wolle. Aber dann straft, ermahnt und predigt und ermuntert Einer im Namen Aller, und einen Widerspruch in der Behandlung der Schüler, in der Wahl der Mittel, ein gegenseitiges Stören in der Erziehung giebt es nicht mehr. Je mehr der eine Lehrer wirkt, desto mehr gewinnt jeder dabei, desto inniger wird ja immer die Verbindung des Ganzen, und jeder gute Saame, der von Einem ausgestreut wird, wächst und blühet für Alle. Damit nun aber diese vollendete Einheit eben gewonnen werde, dazu diene dann schließlich die Lehrer-Conferenz, die dann nicht wie ein Justiz-Collegium zu Gerichte sitzt, sondern wie ein Familienrath erscheint. Es handele sich in ihr dann nicht um gesetzliche Bestimmungen und Verordnungen und Rescripte, sondern um Belebung der Jugend, nicht um Zuchtmittel, sondern um Erziehungsmittel. Nicht um Lohn und Strafe werde hier gefeilscht, nicht um einzelne Disciplinarfälle werde hier gestritten und gekämpft; sondern das innerste Leben des Schülers, sein Lernen und sein Empfinden, sein Denken und sein Wollen, seine ganze Richtung, seine Individualität, die verhüllte oder unverhüllte, muß ins Auge gefaßt werden. Hier tausche jeder seine Erfahrungen über diesen Schüler, wie seine anderweitigen Erfahrungen, aus, und das Ende dieses Austausches sei nicht eine schädliche Strafe, sondern die Ermittelung eines Mittels, wodurch der Schüler zum Bessern geführt werden könne; in dem Beschlusse und in dem Vorsatze bestehe das Ende einer Conferenz, daß alle Lehrer alle ihre Kräfte zur Besserung des Schülers in der Anwendung des als richtig herausgefundenen Mittels aufbieten wollen. Allerdings wirkt dann die Conferenz nicht mehr wie ein Schreckbild, das in dem finstern Gemache haust und sein Dasein durch Schreckstrafen und Drohungen und Ankündigungen kund thut, sie wirkt nicht mehr wie ein Schreckmittel — ein Schreck wirkt ja bekanntlich nur so lange, als das Herz noch davon pocht, und wenn dies Herzpochen aufgehört hat, ist der Schreck vergessen und giebt nur höchstens noch Stoff zu ergötzlichen Erzählungen — auch nur langsam, unscheinbar, aber darum um so naturgemäßer und darum um so sicherer, denn Niemand wurde jemals plötzlich aus einem schlechten Menschen ein guter. Reicht nun die Schule aber nicht mehr mit ihren Bemühungen aus, dann ist es Zeit, Zeugnisse zu geben. Dann möge man die Eltern durch ein Zeugniß benachrichtigen von dem Stande ihres Kindes und sie zur Mitwirkung auffordern. Dies muß aber nicht ein so allgemeines, schematisirtes, nichts sagendes und somit wirkungsloses, sondern es muß ein Bericht an die Eltern sein, der den Zustand eines solchen Schülers vollständig enthüllt und so die Eltern einer Seits von den Bemühungen der Schule und den bereits vergeblich angewendeten Mitteln überzeugt, andrer Seits sie aber auch in den Stand setzt, das Uebel zu beurtheilen und mit der Schule gemeinsam wirken zu können. Möge dann immerhin der Schüler, nur nicht das ganze Gymnasium und das ganze Publicum, wissen, daß man an die Eltern, und was man an sie geschrieben habe; nur möge diese Benachrichtigung an den Schüler nicht wie eine Drohung geschehen, nie so, als wolle man durch diese Drohung noch einen Schrecken, eine Erhöhung der schon angewandten Strafen hervorbringen, sondern so, wie es sich wirklich bei diesem Zustande verhält, so nämlich, daß man den Knaben sehen und fühlen läßt, wie ungern die Schule das letzte Mittel wähle, und wie gern sie seinen Eltern den Kummer erspart hätte. Daß die Eltern von seinem Thun und Treiben erfahren, muß er nicht wie eine Strafe, sondern als das letzte Mittel der Schule ansehen, welches die Liebe für ihn zu seiner Besserung eingab. Können dann die Mitwirkungen der Eltern den Schüler nicht auf einen bessern Weg führen, so entferne man ihn aus der

Schule, bevor er grobe Sünden begeht, damit er nicht in seiner immoralischen Richtung länger verharre und gar noch ein Verführer seiner Mitschüler werde und schwer auszurottendes Unkraut unter den Waizen ausstreue. Daß aber nicht das Nichtwissen, das Nichtlernen, das Nichtfortschreiten in Wissenschaften das höchste Vergehen sein könne und nicht sein dürfe, das versteht sich nach dem früher Gesagten von selbst, ja es versteht sich für den christlichen Menschen zu sehr von selbst, als daß es hier noch einer Erwähnung bedarf.

Ist nun so die Schule eine Person geworden, und hat sie in der Entwicklung dieser Persönlichkeit schon die Kraft entfaltet, womit sie die Schüler an sich zieht; hat sich in dieser Einheit des Gedankens und der Gesinnung, in der Einheit des Unterrichtes und des Erziehungszieles eine Individualität herausgestellt: so kann ihr Niemand die Liebe versagen, weil das wahrhaft individuelle Dasein als ein göttliches Liebe giebt und noch mehr empfängt. So bliebe denn nun der Schule die Aufgabe, die Schüler zur Kirche zu führen, doch nicht als Knechte, sondern als Wesen, die in der Liebe frei geworden und im Gehorchen das Gesetz überwunden haben. Was wohl hin und wieder in Vorschlag gebracht ist, die Knaben zum Kirchengehen anzuhalten, mit ihnen dort zusammen zu erscheinen, mit ihnen das Abendmahl zu genießen, das reicht allein noch nicht aus und kann und muß nach dem heutigen Zuschnitte der Schulen als ein Aeußerliches, gesetzlich Gebotenes erscheinen und somit schädlich wirken. Doch es ist ja hier schon ohnehin des Tadelns so viel geschehen, darum nur noch die Mittel zum Bessern. Hat die Schule zu ihren Schülern die angegebene Stellung eingenommen, ist aller Schein in Wahrheit verwandelt, ist alle Aeußerlichkeit in eine Innerlichkeit umgeschmolzen, ist das Wissen von seinem Throne gestürzt, und die Liebe zum Menschen, zur Kinderseele in ihre Rechte eingesetzt, dann kann die Schule vorgehen auf dem Wege zur Kirche. Damit sie nun aber nicht Sclaven und Knechte hinschleppe, die sich am Altare des Herrn einen Taglohn verdienen wollen, so muß sie es ihre erste Sorge sein lassen, den freien Willen und den freien Entschluß ihrer Schüler zu erregen. Dazu sind zweierlei Dinge nöthig, nämlich Zeit zu freiem Thun und Objecte zu freiem Thun. Tritt in der Schule jene oben angedeutete Beschränkung des Wissensmaterials ein, wird dem Schüler das Meiste durch den Unterricht geboten, bepackt man ihn also nicht für jede Stunde des Tages mit Schularbeiten; werden nach hiesigem Schulplane die Stunden des Unterrichtes verringert, werden manche Gegenstände gestrichen, und sind einige Lehrgegenstände nach dem Lehrplane schon so weit vorbereitet, daß er sich beim Anfangen neuer Zweige mit jenen selbstständig beschäftigen und fruchtbar darin fortarbeiten kann, so hat der Schüler freie Zeit, über die zu disponiren ihm allein zusteht, er hat Wissensgegenstände, in denen er fortzuarbeiten befähigt ist Sind nun aber nach Obigem alle falschen Motive des Fleißes aus der Schule verschwunden; sind Ehrenstrafen und Tagebücher und Carcer und

Censuren abgeschafft; sind Versetzungs-Examina und öffentliche Prüfungen hinweggewiesen von dem häuslichen Heerde der Schule; hat die Schule in ihrem Unterrichte nach Obigem wahrhaft erregend und belebend und befruchtend für die Wissenschaft gewirkt; hat sie den Knaben im Lernen das Genießen kennen gelehrt; hat sie ihn die Freuden eines Wissens statt der Erholung von knechtischer Anstrengung schmecken lassen; hat sie die Schüler an sich gezogen und dem Schüler im eignen Herzen des einzelnen Lehrers die Frucht der Wissenschaften gezeigt; ist der Schüler in dem Zusammenleben mit dem Lehrer, ja durch das Selbstanschauen des Arbeitspultes seines Lehrers für die wissenschaftliche Thätigkeit erregt und begeistert worden: dann hat die Schule alle Elemente zur Benutzung einer freien Zeit geboten. Nun bleibt nur noch die Aufgabe, Objecte dafür hinzustellen. Wenn nun aber die allgemeine Landesschule ihre Aufgabe gelöst hat, so hat der Schüler der höhern Anstalten Naturgeschichte und namentlich Botanik, die er selbst bald erweitern wird, Zeichnen und Gesang als Elemente zur Selbstthätigkeit. Musik und Malerei reihen sich nach Maaßgabe der Neigungen von selbst daran an. Das Studium der deutschen Literatur, das Erlernen neuerer Sprachen, erweitertes Studium der Geschichte, oder der Mathematik, selbst der Physik, oder auch der alten Sprachen wird sich von selbst nach den verschiedenen Individualitäten einstellen. Jeder Schüler aber wird durch die allgemeine Landesschule schon zu einer Selbstbeschäftigung befähigt sein, denn der ganze

Lehrplan ist darauf angelegt, daß er die Keime zur Fortentwicklung bietet. Jeder aber treibe, was ihm beliebt, und die Schule helfe nur und fördere, gebe Winke und Rathschläge, die sich jeder Schüler von dem Lehrer holen wird, dem er, sie geben zu können und zu wollen, am meisten zutraut. Doch lobe nicht und tadle nicht die Schule das Eine vor dem Andern, sondern lasse jeden gewähren, schlage nicht bestimmt dem Einzelnen ein Einzelnes vor, sondern biete jedem einzelnen Schüler nur den Weg, seiner Neigung zu folgen; aber sie nehme als ein Ganzes Notiz davon, wie der wahrhaft erziehende Vater am meisten davon Notiz nimmt, wie seine Kinder die ihnen gewährte freie Zeit benutzen. Das Zusammenleben der Schüler mit den Lehrern, die Feste, die sie feiern in engern oder größern Kreisen, die sind die Schulstunden für die freien selbstgewählten Beschäftigungen. Auf einem Spaziergange ins Freie, bei einem zufälligen Begegnen wird sich Frage und Antwort zu einem fruchtreichen Unterrichte gestalten. Wie, wird man hier sagen, soll denn jeder Lehrer Alles wissen? Das ist gar nicht nöthig. Wenn dich deine Schüler in einem Gegenstande zum Rathgeber machen wollen, so lerne es mit ihnen zusammen, und du wirst dennoch immer ihr Lehrer sein können und bleiben, und gerade dies Zusammenlernen, deine dabei entwickelte größere Kraft, deine dabei bewiesene größere Beharrlichkeit und Ausdauer, dein Fleiß, dein Eifer, deine Gründlichkeit, kurz deine Moralität wird hier unterrichtender und lehrreicher und vor Allem erziehender sein, als alle andern nur denkbaren Mittel. Du lehrst dann deine Schüler lernen, schülerst ihnen gleichsam das Schülersein vor, und du hast dabei die instructivste Predigt ihnen vorgelebt. Ja dies ist etwas so Wesentliches und für allen Unterricht ein so Unablässiges, daß der Lehrer bei jedem Helfen in den Privatstudien der Schüler mit ihnen den Schüler machen muß. In diesem Mitlernen lernt der Schüler des Lehrers Liebe kennen, sowohl zum Schüler, als zur Wissenschaft, und Zucht und Sitte und freier Entschluß zur tüchtigen Benutzung freier Zeit ist gegeben. Aber wo soll alle freie Zeit für den Lehrer herkommen? Von wo sie dem Schüler kommt. Der Lehrer habe nicht so viele öffentliche Stunden, ziehe den Ruf eines Pädagogen dem des Gelehrten vor; es gelte nur erst der Lehrer als der brauchbarste, der die freie Thätigkeit der Schüler am meisten zu erregen weiß; es gelte der als der kräftigste, der am meisten Schüler in Liebe um sich sammelt, aber sie auch zur Thätigkeit erregt ohne unsittliche Hebel, es wird sich die hier gewünschte Stellung der Lehrer schon finden. Allerdings muß den Lehrern die Kraft dazu bleiben, und ihre äußere Lage muß auch dazu angethan sein. Die Lehrer müssen nicht auf die möglichst wohlfeilste Art angestellt werden, und die neu zu begründenden Anstalten müssen nicht wie für den mindest Fordernden dotirt sein, denn ein Zustand, in welchem der Lehrer mit äußerer Noth zu kämpfen hat, nimmt ihm die Frische und Fröhlichkeit zum Verkehre mit seinen Schülern und selbst die Mittel und so endlich ganz und gar die Fähigkeit dazu.

Aber wie mit denen, so fragt man, die keinen Trieb zur Selbstbeschäftigung gewinnen, die sich an keinen Lehrer anschließen, sondern sich scheu zurückziehen und so jede Einwirkung auf sich abweisen? Dann muß die Schule zu Hülfe kommen. Sie hat hier eine zweite Veranlassung, sich mit den Eltern durch ein ausgestelltes Zeugniß in Verbindung zu setzen. Durch jene muß sie und mit jenen gemeinsam die eigenthümliche Richtung des Knaben zu ermitteln suchen, und muß sich nun bemühen, ihn in den Kreis von Beschäftigungen nach und nach hineinzuweisen, welcher jener Richtung am verwandtesten ist, muß kein Mittel unversucht lassen, ihn dafür zu erregen. Dabei muß die Lehrer-Conferenz gemeinsam verfahren, die mißglückten Versuche einzelner Lehrer wurdigen, im gemeinsamen Berathen neue Mittel und Wege ersinnen, und will das Alles nicht gelingen, dann ist nicht etwa zu strafen, dann ist die Hülfe der Eltern in Anspruch zu nehmen, es ist eine genaue Beaufsichtigung einzuleiten, eine Disposition über seine Zeit wird getroffen, es werden ihm Arbeiten zuertheilt, die er in dieser freien Zeit machen muß, die ihm von Tage zu Tage von den einzelnen Lehrern zudictirt und mit unerbittlicher Strenge ihm täglich abgefordert werden, d. h. die Schule behandelt ihn wie einen solchen, der der Selbstentwicklung nicht überlassen werden könne, und lehrt ihn so durch den selbstgeführten Vergleich mit seinen Mitschülern erkennen, was die freie, selbstgewählte Beschäftigung Lohnendes habe gegen die abgedrungene. So wird die Schule ihre Schüler erkennen lassen, daß ein Mißbrauch des Vertrauens, ein Verfehlen der Bestimmung, daß ein Nichtwollen des Guten die Sünde und Knechtschaft herbeiführe. Diese Forderung, welche nun hier an die Schule gemacht ist, wird man nicht für unausführbar halten, da ja heut zu Tage fast alle Schüler in diesem Zustande erhalten werden; aber die Fälle, wo sie so einzuschreiten habe, werden nicht so oft eintreten, als es nach dem heutigen Zuschnitte der Schüler den Anschein gewinnt, wenn nur die hier geforderte Zucht und Unterrichtsweise ganz und gar eingeführt und gehandhabt wird. Man sehe aber die Sache auch nicht für zu ideal an, es werden dazu nur Männer verlangt, welche die Liebe zur Jugend vereint; man prüfe aber namentlich diese letztern Vorschläge nicht dadurch, daß man fragt: was würde daraus in diesem Augenblicke entstehen, wenn dieses sich selbst Ueberlassen plötzlich eingeführt werden sollte? Lauter Unfug und Unsitte, das kann allein die Antwort sein, weil eben die jetzigen Schüler schon verzogen, die Lehrer keine Erzieher, und die Schule keine Kirche, sondern eine Lernbank ist. Eine Gesundheit wird nur allmählig hergestellt, und nur die allmählige Entwicklung und Entfaltung des hier angedeuteten Schullebens kann zu glücklichen Resultaten führen, diese muß aber auch bei der Prüfung der gethanen Vorschläge immer im Auge behalten werden. Aber auch gegen den Gedanken möge man sich verwahren, als solle dies nun Alles gesetzlich geregelt werden; vielmehr gar nicht, es muß und soll von Seiten der Lehrer freier Entschluß sein, die Schüler müssen sich dessen überall bewußt bleiben, es überall erkennen. Das allein giebt Pietät, Anhänglichkeit und hebt die Schüler heraus aus der Staatsrichtung, aus dem staatlichen Leben, in das sie hineinerzogen werden. Das Gesetz hebt die Liebe auf, eine Verpflichtung, auch die leiseste, nimmt dem Schulleben das, was es allein zum erziehenden machen kann. Der Lehrer, welcher nicht für sich selber in einem solchen Leben und Treiben mit der Jugend seine Lust und Freude findet, gehe doch in einen andern Wirkungskreis über, ja er werde von der beaufsichtigenden Behörde in einen andern Lebenskreis hineingewiesen. Alle die, welche nicht eine solche Selbstentschließung, einen solchen Willen in sich spüren, die entferne der Staat aus dem Schul- und Erziehungskreise, und alle die, welche an der Kraft der Liebe zweifeln, worauf hier Alles gebaut ist, die mögen bedenken, daß sie dabei nur von sich urtheilen, und mögen nicht das Bessere durch zweifelnde Verdächtigungen hemmen. Hier, nur hier schließe man nicht von sich auf Andre, es ist ein Fehlschuß; wem Liebe fehlt, kann keine herausdenken.

Doch neben dieser Entwicklung eines freien Wollens und der Selbstentschließung stehe nun das Anhalten zum unbedingten Gehorsam. Was die Schule fordert, das fordere sie mit unerbittlicher Strenge und kenne darin keine Nachsicht. Unbedingter Gehorsam gegen Gesetz und Befehl sei das Losungswort in allen Winkeln und Ecken der Schule; vollkommene Leistung des Geforderten und zwar im vollendeten Sinne der Forderung, sei der Wahlspruch. Nachsicht haben heiße nur, keine Anforderungen machen, welche das Kind nicht befriedigen kann. Dazu ist aber nöthig, die Forderungen so zu stellen, daß jeder Schüler sie auch zu befriedigen im Stande ist, ohne für seine ganze Jugendzeit Knecht zu sein. Man stelle die Forderungen so, daß das Eintreiben einer Versäumniß von Heute nicht eine Versäumniß für Morgen bedinge. Man gebe wenig auf, aber erlasse kein Titelchen und scheue kein Zwangsmittel, dem Gebotenen Geltung zu verschaffen. Aber darum mache man nun auch nicht Allotria und unwesentliche Dinge zu Forderungen, welche einzutreiben und worüber zu wachen lächerlich und verächtlich ist. Man vergreife sich aber auch nicht darin, den Schüler in eine Klasse zu setzen, für die er nicht die gehörige Reife hat, und in der er nicht mitkommen kann; man lasse die Reife für diese oder jene Klasse nicht von einigen positiven Kenntnissen und Fertigkeiten im Latein schreiben abhängen, denn ein solcher Mißgriff ist die gröbste, unverzeihlichste Sünde, welche eine Schule begehen kann; sie ist nicht nur in wissenschaftlicher, sondern auch in moralischer Beziehung ein Todtschlag des betroffenen Knaben. Er versteht den Unterricht nicht, die Masse erdrückt ihn, ihm wird seine Zeit geraubt in der Schulstunde, er fängt an, diese zu verträumen, und verfällt nicht selten in einen lebenslangen Schlaf, er wird natürlich von Stunde zu Stunde confuser, schlaffer, dummer. Endlich verliert er Muth und Kraft zu jedem neuen Beginnen. Er wird immer getadelt, und das wider seine Schuld, und so geht aller kindliche Glaube an die Menschlichkeit des Lehrers, alles Vertrauen, alle Hingebung verloren; er befriedigt keine Forderung des Lehrers, der Lehrer muß es dulden, weil das Unmögliche nicht möglich zu machen ist, und so wird in einem solchen Knaben der moralische Begriff des Gesetzes und von dessen Heiligkeit untergraben. Doch diese Sünde an einem Knaben ist zu einleuchtend, als daß sie nur noch irgendwie näher bezeichnet werden dürfte, und sie ist daher auch wohl nur ein Gedankending, das auf keiner Schule vorkommt. Ehe die Schule fordert, muß sie jeden Schüler in den Stand setzen, daß er das Geforderte vollkommen zu leisten im Stande ist; nur muß natürlich nur immer ein Wesentliches gefordert werden. Die Schule muß auch nie willkührliche Satzungen machen, die als Satzungen dem billigen Wunsche der Eltern zuwiderlaufen; aber, was sie einmal angeordnet hat, das muß sie auch verfechten, oder sie macht sich mit ihren Gesetzen lächerlich und mit ihrer Zucht verächtlich, hebt die Erziehung dadurch auf, daß sie dem Schüler den Begriff eines Gehorsams gegen das Gesetz nimmt. Auch dies kommt wohl in den Schulen nicht vor, denn man wird doch nicht die Kinder absichtlich verziehen, oder verderben wollen. Und dennoch. Die Schulen sind so zeitsüchtig, daß manche gar an den Vortagen eines kirchlichen Festes, welche Vortage die fromme Sitte des Volkes schon geheiligt hat, noch Schule halten. Die Mittelschulen thun das freilich nicht, weil in ihnen mehr Innerlichkeit, man möchte sagen, mehr Religiosität zu herrschen scheint. Nun bedürfen aber manche Knaben einer Tagereise, um zu ihren Eltern zu gelangen. Sollen sie diese nicht besuchen, oder sollen sie gar an dem ersten Festtage reisen, oder sollen sie die Festtage in der gemüthlosen Stube am Arbeitstische und in geist- und herztödtender Langeweile zubringen und den Festtag so verunheiligen im Unmuthe über die unerbittliche Strenge der Schule? Welcher christliche Lehrer mag das verantworten? Welcher Lehrer willigt nicht in die Abreise, wenn er eben durch das gemüthliche Erregen im elterlichen Hause dem christlichen Feste in dem Herzen des Knaben einen neuen Morgen nahen sieht? Welcher Lehrer mag seine Schüler, statt in der Kirche, oder doch statt in dem festlichen Kreise des religiös erregten Vaterhauses, lieber auf der Landstraße wissen? Die Abreise wird um der Religion willen bewilligt, und die Schulordnung ist verletzt; das Schulgesetz ist ein Nichts geworden. So geht es in vielen Dingen, die eben so ganz obenhin als Kleinigkeiten behandelt werden. Das müßte, das muß in einer Erziehungsanstalt nicht sein. Behandle sie so viel wie möglich als ein Gleichgültiges, was aber einmal Gesetz ist, das sei heilig. Kommt ein Schüler dem Gesetze, dem Geforderten nicht nach, dann zwinge man ihn, nehme ihm seine Freiheit, sperre ihn ein, bis er ein Gefordertes im angegebenen Sinne geleistet hat. Hier gelte kein Unterschied, der Primaner wie der Quartaner werde in seiner Freiheit beschränkt, wenn er nicht Willen selber genug hatte, das Gesollte selbst gewollt zu haben. Durch diese Unnachsichtigkeit werde ihm das Gehorchen zu einer Nothwendigkeit, er lerne durch Zwang gehorchen, wenn er es ohne diesen nicht kann. Er lerne hiedurch an sich inne werden, wie der Mißbrauch des Vertrauens zu seiner Willenskraft den nothwendigen Zwang nach sich zieht, und das wird der Schüler sehr bald lernen, wenn nur die Schule immer Wesentliches und Mögliches, aber dann auch unnachgiebig fordert. Wenn dann die Arbeit von Heute in der Unfreiheit gemacht ist, dann lasse man den Schüler wieder los, damit er die Arbeit für Morgen fertige, während die übrigen Schüler sich ihrer selbstgewählten Beschäftigung, oder auch ihrem Vergnügen hingeben. Hat er dann seine Arbeit wieder am morgenden Tage auch nicht, so wiederhole sich dasselbe Verfahren. Will es aber gar nicht mit ihm gelingen, dann trete die Conferenz berathend hinzu und ermittle von allen Seiten nicht Strafen, sondern Mittel, wodurch ein solcher erschlaffter Mensch wieder aufzurichten sei, aber vornehmlich ermittle sie die wahren Ursachen eines solchen Zustandes. Wollen alle versuchten Mittel nicht anschlagen, dann fertige man ein Zeugniß an die Eltern aus und fordere sie zur Mitwirkung auf und veranlasse sie, für eine durchgreifende controllirende Beaufsichtigung zu sorgen. Will das Alles noch nicht helfen, dann nehme man den Schüler aus diesem Lebenskreise weg und unerbittlich, damit er nicht mit der Jugendzeit zugleich auch noch ein Höheres verliere, denn er gehört nicht in den Schulkreis. Die Frage, wie nun dies zu bewerkstelligen sei, ist leicht erledigt, wenn nur täglich ein Lehrer durch alle Klassen hindurch die Aufsicht über die

Nacharbeitenden zu führen gehalten ist. Der Lehrer, bei welchem ein oder auch mehre Schüler das Aufgegebene nicht gelernt haben, giebt die Namen und die versäumte Aufgabe an den Lehrer, der an dem Tage die Beaufsichtigung führt, und das geschieht sowohl von Prima, als von Sexta, und diese saumseligen Schüler versammeln sich in ihren Klassen und arbeiten dort nach und weisen die vollendete Arbeit beim beaufsichtigenden Lehrer vor. Die Schwierigkeiten, welche man hiebei sehen möchte, fallen weg, wenn man bedenkt, daß es nur 4 Klassen sind, und im Auge behält, daß jeder Lehrer mit dem Pensum jeder Klasse genau bekannt sein und mit den Leistungen des Ganzen und des Einzelnen vertraut sein soll. Das Bedenken aber, daß der Lehrer, der nur vielleicht in Quarta Stunden giebt, den Primaner beaufsichtigen soll bei seinem Nachsitzen, darf kaum in Erwähnung kommen, denn es stellt den ungehorsamen, nachlässigen und untauglichen Primaner höher, als den Lehrer am Gymnasium. Bei dieser Einsperrung gehorcht ohnehin der Schüler nicht mehr einer Person, sondern einem Gesetze, und zum Wächter des Gesetzes kann man ja machen wen man will. Es gilt ja Schüler zu erziehen, Gehorsam anzuerziehen, nicht aber Studenten zu machen, und dünkelhafte Erhebung und ungeberdigen Ehrgeiz einzuimpfen. Fragt man nun noch, was zu thun, wenn ein Schüler gegen ein Schulgesetz sündigt, gegen ein solches nämlich, dessen Repräsentant nicht ein einzelner Lehrer, sondern nur das Lehrer-Collegium sein kann, so ist schon in dem Obigen zunächst angedeutet, daß es solcher wenige, und, wenn es möglich wäre, gar keine geben muß. Sie sind indessen nicht ganz absolut vermeidlich. Da diese aber auch nur ganz wesentliche Dinge betreffen dürfen, so muß die Strafe darauf sehr hart sein und auch von der Art, daß wieder nicht eine Person, sondern das Gesetz straft. Dahin gehört geschärfte Carcerstrafe und Entfernung von der Schule, nur keine Ehrenstrafe. Daß man solche Gesetzesübertreter auf eine Zeit lang aus den Gesammtvergnügungen, aus den frohen Festen, kurz aus den heitern Kreisen verweist, das versteht sich von selbst; statt dessen aber stellt man sie dann unter eine genauere Controlle mit Hülfe der Eltern und begnügt sich nie damit, blos gestraft zu haben. Zugleich muß Ein Lehrer dazu von der Conferenz, oder durch freie Wahl bestimmt werden, die sittliche Leitung des Knaben zu übernehmen. Doch dies führt hier zu sehr ins Einzelne.

So ist denn der Weg zur Kirche nicht mehr weit. Hat die Schule, als väterliche Person, für sich die Liebe der Schüler erregt, Anhänglichkeit, Pietät und sittliche Schaam zu Bewegungsgründen und die freie Entschließung zur Thatkräftigung und im Gewöhnen an unbedingten Gehorsam die Heiligkeit des Gesetzes anerzogen, dann ist dies schon ein Kirchengehen, dem nur noch durch die Religionsstunde die Andacht gegeben werden darf. Möge das Wesen des Religionsunterrichtes auf den Gymnasien ein ander Mal im Einzelnen besprochen werden, hier genügen allgemeine Andeutungen. Jeder

Lehrer muß Religionslehrer sein, jeder muß Christ im vollen Sinne des Wortes sein. Nur Einer wird allerdings in bestimmten Stunden über Religion sprechen, die Andern müssen Religion predigen durch ihr Leben, durch ihre Gebote und Verbote, durch ihren Umgang mit den Schülern, durch ihre Zucht, durch Belohnung, durch Strafe. Es bedarf des langweiligen Moralisirens, des gebückten Frommthuns, es bedarf des Heiligenscheines nicht; bist du fromm, es läuft dir nur zu oft die volle Seele über, nur zu oft drängt sich bei jedem Unterrichte, bei vielen Veranlassungen, bei jedem Ereigniß im Schulleben dir das Bedürfniß auf, deine religiösen Empfindungen und deinen Glauben laut werden zu lassen. Hast du, Freund und Lehrer der Jugend, wahre christliche Frömmigkeit im Herzen, bist du ein Lehrer, wie du es nach Obigem sein sollst: du wirst dich sehr, sehr in Acht zu nehmen haben, daß du nicht zu oft ins Predigen, ins Moralisiren hineingeräthst, du wirst dich oft eines Ergusses der christlich erregten Seele erwehren müssen. Schweigen mußt du oft deine Zunge, wo das Herz dich zu reden dringt, denn deine Schüler werden nicht immer in der Stimmung sein, in der sie deine eigene Empfindung verstehen können. Man lasse die christliche Gesinnung die Schüler mehr empfinden, als erkennen, öfter sehen, als hören, öfter ahnen, als begreifen; laß christliche Liebe dein Ziel, deinen Anfang, deinen Weg sein, und du bist der beste Religionslehrer. Der Religionsstunde bleibe es überlassen, dem Schüler die Räthsel seines Lebens zu lösen, sie gebe seinem ganzen Dasein eine Beziehung auf Gott und führe durch die angelebte Erkenntniß den Gedanken dahin, daß der Schüler sich des göttlichen Lebens in der Schule — wenn sie nämlich das ist, was sie nach dem oben Angegebnen sein soll — bewußt werde. Die Religionsstunde werde somit nicht eine Uebungsstunde des Verstandes, sondern des Herzens und des Gemüthes; der Schüler sehe hier sein Leben, sein Thun, sein Denken, sein Wollen, seine Strafe, seinen Lohn, kurz sein ganzes Dasein von einem höhern Standpunkte. Die Schule verwebe das Leben des Schülers mit dem Christenthum und gebe ihm Winke, leite ihn an, in jedem Augenblicke seines Lebens christlich zu leben. In der Religionsstunde werde sich der Schüler vollkommen deutlich bewußt, daß er in treuer Erfüllung seiner Pflichten, in dem willigen aufrichtigen Hingeben an Eltern und Lehrer, in dem unbedingten Gehorsam, in dem eifrigen, sich selbst vergessenden Streben, schon ein göttliches Leben begonnen habe, ja daß dies der einzige Weg wäre, der zur Kirche und zu ihrem Altar führe. Die Religionsstunde lehre den Schüler die Liebe der Lehrer kennen und lasse ihn bei ihrem Thun, bei ihrer scheinbaren Härte, bei einem ihm unverständlichen, widerstrebenden Handeln das höhere Triebrad der Liebe deutlich sehen; es erkenne durch die Religionsstunde der Schüler, daß der Lehrer im Ziehen und Strafen eine göttliche und somit ihm heilige Pflicht übt. Das kann die Religionsstunde nur dann, wenn erst die Liebe das Erziehungselement wieder geworden ist; heute kann sie es oft nicht, denn mit Scheingründen die unredlichen, oder doch äußerlichen Triebfedern der Lehrer zu vertheidigen, gelingt wohl auf Augenblicke, ist aber ein Frevel vor Gott. Doch hier ist so leicht Mißverstehen möglich, und darum noch einmal, die Religionsstunde sei nicht Erziehungsmittel, sondern sei die Erziehung selber, sie erfasse den Knaben bei den feinsten Fäden seines Herzens, belausche ihn in seinen Neigungen, ertappe ihn bei den leisesten Wünschen, bei den kleinsten Herzensregungen, und fasse diese Fäden mit der Wahrheit der christlichen, der geoffenbarten Religion. Nicht Moral, sondern göttliche Offenbarung werde gepredigt, und so gepredigt, daß jeder Schüler sich ihrer an sich selber bewußt werde. Doch werden das nicht Alles zwei Religionsstunden auf die Woche vermögen, sondern es muß ihnen das Feld durch das ganze Schulleben erst dazu bestellt werden, sonst wird man seinen Saamen ausstreuen auf den Weg, und die Vögel des Himmels werden es auffressen, und der Fuß wird es auf dem Lebenswege zertreten. Diese Bearbeitung geschehe in den oben angedeuteten Schulfesten, die immer, auch in der größten Heiterkeit, eine Hinneigung und eine Beziehung zum Religiösen behalten müssen, denen durch die Religion erst die wahre erziehende Weihe gegeben werden kann. Nicht minder müssen diese Beziehungen hervortreten in den Einigungspunkten von Lehrern und Schülern; kurz in der oben angedeuteten Persönlichkeit der Schule muß sich ein ins Leben getretenes Christenthum offenbaren. Man verschmähe nicht allgemeine religiöse Andachten im Kreise der Schule, und suche in solchen Versammlungen die Andacht durch jedes der Schule zu Gebote stehende Mittel zu heben. Man lasse durch den belebten Gesang und durch die gepflegte Musik der religiösen Rede erst eine feierliche Stimmung des Herzens vorbereiten, und setze dann solche Andachtsstunden in die engste, unmittelbarste Beziehung zu dem Schulleben. Dazu suche man noch nach Möglichkeit die Religionsstunden mit der Kirche in Verbindung zu bringen, setze bei den Schülern den Kirchenbesuch immer voraus; man verschmähe es nicht, in einzelnen Fällen die Schüler, die mit dem Lehrer ein und dieselbe Predigt hörten, an Einzelnes und Treffliches in derselben zu erinnern; man schließe sich an die Hauptfeste der Kirche an, so daß man in der Schule eine Vor- und Nachfeier hält, und es wird dann keiner Vorschriften zum Besuchen der Kirchen, keines Gebotes zum Genießen des Abendmahles bedürfen. Wie oft solche religiösen Feierlichkeiten und Andachten, und von wem sie gehalten werden sollen, das ist ganz gleichgültig, nur werde nie dazu ein auf immer bestimmter Tag und eine auf immer bestimmte Person dazu ausersehen. Hier rede, wen das Herz zu reden dringt. Dies Bedürfniß wird sich in dem regen Mitleben mit der beweglichen Jugendwelt oft genug einstellen, es wird oft genug Veranlassung dazu da sein, wie fich oft genug Gelegenheit zum Gebete bietet, wie uns ja wohl die Sehnsucht, uns im andächtigen Gebet unserer Einheit mit Gott bewußt zu werden, auch ergreift. Wozu dies nützen solle? So fragt denn doch wohl Niemand, der den Zweck des Lebens, der das Ziel des Lehrens, der das Höchste der Erziehung begriffen hat. Es giebt darauf keine Antwort, als die, daß nur hiemit die Schule erst ihre Persönlichkeit, ihre Individualität beurkundet, daß sie nur so den Schüler an sich fesseln, daß sie nur so und nie anders Erziehungsinstitut sein und werden kann. —

FSC
www.fsc.org
MIX
Papier | Fördert
gute Waldnutzung
FSC® C083411

Kolibri 360 GmbH
Ferdinand-Jühlke-Straße 7
99095 Erfurt, Deutschland
produktsicherheit@kolibri360.de